"Déjame que te cuente…"

Volumen I

Presentación

"Cada historia que no se cuenta, es una historia olvidada" escuché decir alguna vez... y eso me motivó a invitar a los colegas que he conocido a través de los años que hemos tenido la oportunidad de trabajar juntos en la evaluación de exámenes AP de español: a que no dejaran que su historia se perdiera en el olvido. Durante las breves pausas de las que disponemos en esa intensa jornada anual de trabajo a la que nos lleva nuestra profesión como maestros de español, poco a poco me llegaba a enterar de muchas historias personales, algunas fascinantes, otras terriblemente dolorosas y unas más tan cómicas que ocasionaban carcajadas al unísono. Ese ambiente enriquecedor y vasto se convirtió en una fuente inagotable de experiencias que a mi parecer tenían que mantener su propio lugar en la posteridad... y he aquí el primer intento.

La idea se transmitió a otros que comparten de igual modo la enseñanza de nuestra lengua materna, la separación de la tierra que nos vio nacer, la vida que dejamos atrás —con las vicisitudes que todo esto implica, y las ilusiones que todavía deseamos realizar para pensar que nuestro exilio, voluntario o involuntario, no ha sido en vano.

Ana María González

Presentation

"Every story untold, is a story lost..." Once I heard somewhere and that idea motivated me to invite the colleagues I have met through all the years we have had the opportunity to work together at the AP Spanish reading: to save their story from oblivion. During the brief breaks we enjoy during that intense annual work to which our Spanish teaching profession takes us, little by little I have been learning of many personal stories, some fascinating, some terribly painful, and some so funny that make everyone laugh at once. That enriching and vast environment became an endless source of experiences that in my opinion needed to be preserved for posterity... and here is the first outcome.

This idea was transmitted to others that share in common the teaching of our mother tongue, the separation from the land where we were born, the life we left behind –with the struggles that all of this implies, and the illusions we keep for a better future. All in the hope that our exile, voluntary or involuntary, has not been in vain.

Ana María González

"Déjame que te cuente..."

Volumen I

- Antología -
Historias de inmigrantes hispanos

Compiladora y editora:
Ana María González
Asistente editorial:
Amalia Barreiro de Gensman

- Anthology -
Stories by Hispanic Immigrants

Compilator and Editor:
Ana María González
Assistant editor:
Amalia Barreiro de Gensman

Chiringa Press
Seguin, Texas 2013

Portada: Guadalupana, 1999
Fotografía: Ana María González
Diseño: Michael Godeck

Volumen I - Segunda edición 2013
©Ana María González et al.
chiringapress@gmail.com
Print: ISBN 978-1-61012-019-7
eBook: ISBN 978-1-61012-020-3

Para los que vendrán...

To all those yet to come...

Déjame que te cuente…
Coplas

Alicia Migliarini

Déjame que te cuente…
maestro, hermano, colega
que aquí te traemos sin tregua
memorias, vivencias, historias
de la más bella lengua de todas:
nuestro español, que como maestros
sentimos, impartimos y enseñamos… y todo de sí damos.

Y gustosos respondimos
al llamado de Ana María,
quien es un tornado de energía
y el pilar de esta antología,
pues ella nos ha convocado
a compartir nuestro rico legado
de trayectorias, vivencias, ponencias.

Déjame que te cuente…
latino amigo, colega lector
memorias de nostalgias y esplendor
recuerdos de nuestras tierras lejanas
pero a nuestro corazón muy cercanas
y por eso de compartirlas tenemos ganas.

Déjame que te cuente…
que nos une la hermosura de nuestra cultura
en alma, vida y corazón…
ya sea al ritmo de un danzón, reguetón, cumbia o ranchera,
bachata, bolero, tango, música dicharachera,

Déjame que te cuente...
merengue o chachachá, que más da.
Hermanos hispanos, latinoamericanos y americanos
unidos en un camino cual peregrinos
de amor por esta lengua castellana que tal campana
nos envuelve y nos auna tal cual una
gran familia hispana
con su hermosura arrastrándonos a la locura...

La de querer enseñar que es sinónimo de dar
de llevar, de llegar, de entregar y de amar,
sí, de amar a esta lengua y su cultura
que por su riqueza y belleza te atrapa, te embelesa
y te entregas a enseñarla como si fuera una promesa.

Por eso déjame que te cuente...
que aquí tendrás una fuente de colegas varios
quienes se han unido a volcar
sus experiencias académicas, personales,
políticas y hasta polémicas
que los llevaron a dar, alcanzar y llegar.

Amalia con sus "dos en una"
nos emociona como ninguna
Ana María quien su puestecito de dulces mantenía
dándonos vívidos detalles de su morralito de colores
de gustos, olores y sabores
y su trayectoria académica como una de las mejores.

Déjame que te cuente...
que es largo el puente y en él podrás
apreciar los relatos que desde México
vinieron con Jorge Lizárraga Rendón
porque con encontrados sentimientos y pasión
al leerlos llenan de emoción.

Desde Colombia José Lobo Fontalvo
relata con flor y nata su aprecio
por esta nuestra lengua y su cultura,
que los llevó a Londres y luego
los trajo a este país del norte

Alicia Migliarini

poesía a la rosa fragante y de porte.
Y también de Colombia talentosa,
donosa y cantarina nos provee la valiosa,
valiente y brillante autora Clementina
su "destino y laberintos"
con tantas vueltas y recintos
que rescatan valores casi extintos.

Déjame que te cuente...
que nuestra colega nicaragüense
generosamente comparte su poesía
y su encuentro cercano con la guerra civil
y a pesar de que a veces no se haya sin su Naraya
sigue adelante con su "corazón gitano" y no en vano.

Déjame que te cuente...
relatos de un peninsular
que el océano decidió cruzar
para en esta tierra llegar a dar
sin la cabeza doblegar
y enseñar a más no dar.

Déjame que te cuente...
que esta antología es un puente de conexión
que todos y cada uno cruzamos
porque contando, narrando lo que en el alma llevamos
compartimos aquí en América una misma pasión.

Déjame que te cuente...

Conny Palacios

Déjame que te cuente: "Nací un día cuando todavía en el ambiente flotaba el olor a pólvora de los triquitraques y en las cocinas, las tinajas de chicha ciliano, chicha de jengibre, chicha bruja, chicha raizuda, chicha de yuca y chicha de bijagua ocupaban su puesto de honor..." (*En carne viva*, 14) Mi niñez transcurrió entre el campo y la ciudad. De mis estadías del campo recuerdo las historias que contaba mi padre cuando llegaba de sus viajes. Era cazador empedernido y siempre al regreso había una historia floreciendo en sus labios. Cuentos de almas en pena, de cadejos, de ceguas, donde él era protagonista. Por lo que no dudo que cuando me cargaba en brazos para que no llorara, estoy segura que me contaba una de sus historias. Él siempre me decía que por el día dormía y por la noche lloraba. Así pues, este amor por la literatura, lo mamé en la leche. Fui una adolescente rebelde, detestaba las reglas de los adultos, pero al mismo tiempo era sumisa, callada y bastante solitaria. Siempre me gustaron los libros, y mi madre me cuenta que cuando cumplí el primer año, como de rigor, me sentó en una estera y me puso a escoger entre un libro, una flor y no sé qué más. Lo que yo cogiera entre las manos indicaba mi inclinación futura. Para sorpresa de mis padres, cogí entre mis manos un libro y me lo llevé a la boca. Y creo sinceramente que mi amor por los libros comenzó allí. Con el tiempo encontré en ellos además de conocimiento, refugio, y por qué no decirlo, guía durante mis años de adolescencia. Siempre fui una buena estudiante. Mis notas en el sistema escolar eran las mejores. Era estudiante de diez, que era lo máximo, y generalmente al final del año escolar las monjitas del Colegio San José donde estudiaba me regalaban algún libro como premio. De esa época todavía conservo un hermoso librito que era como una guía de vida para la alumna josefina, cuyo lema era: "Estima de sí misma, amabilidad con los demás..."

Como buena sagitariana de flecha escondida —según la descripción de uno de mis amigos de estudios graduados— ansiaba libertad, quería tomar decisiones por mí misma. Olvidé decirles que vengo de una familia católica muy estricta, educación que ahora reconozco, hizo bien en mi formación. Me casé muy jovencita cuando apenas me había graduado de bachiller, pero sí recuerdo con claridad que le dije a mi novio, esposo ahora: —Me caso contigo, pero me dejas seguir estudiando—. No me imaginaba encerrada entre cuatro paredes. Pero el cambio trajo a mi vida otras responsabilidades no previstas por mí. Tuve que buscar trabajo, ya que mi esposo al igual que yo, otro muchacho, todavía no terminaba sus estudios. Conseguí un empleo como secretaria que me duró unos seis meses y renuncié. Le dije a mi esposo que no podía ser secretaria porque no me gustaba recibir órdenes de ningún hombre todo el día. Fue así como comencé la universidad. Para ayudarme con mis gastos, acepté una plaza interina de maestra que duraba tres meses. Fui maestra rural y me encantaba enseñar. De este modo inicié, sin saberlo, mi carrera en la docencia a la vez que descubría mi vocación.

Al final de la década de los setenta, la situación política en mi país, Nicaragua, se hizo muy difícil. Se respiraba un ambiente de inseguridad, de incertidumbre. Había mucha represión por parte del régimen de Somoza. La situación escaló a tal grado que se nos vino encima una guerra civil. Dos bandos contrarios se disputaban la supremacía en el poder: los sandinistas y los partidarios de Somoza. Los muertos y desaparecidos estaban a la orden del día. Por fin en julio de 1979, triunfó la Revolución Sandinista, la cual tuvo un gran apoyo internacional. Recuerdo esos primeros días como una pesadilla, pues después del triunfo, los muertos se seguían sumando. Bastaba una acusación para que fueras asesinado. El horror y el caos imperaban en el país. En ese tiempo conocí las tarjetas de racionamiento, supe de los CDS (Comités de Defensa Sandinista) que controlaban cada barrio y cada cuadra de las ciudades. Ya casi hasta para respirar tenías que pedir permiso. En esa época yo trabajaba como profesora de español en un instituto y después de la revolución, me inscribí en las brigadas de alfabetización. Otros idealistas al igual que yo soñamos con ir al campo y enseñar a leer a los campesinos. De esa experiencia, recuerdo una que quedó grabada en mi memoria: la alegría que sentí cuando un campesino con su mano tosca, fuerte, pudo escribir en la pizarra su nombre. Casi lloré de la emoción… Pero pasados unos meses, los comandantes en jefe —como se hacían llamar pomposamente, comenzaron a quitarse la máscara bondadosa y sacaron a relucir el metal oscuro de sus corazones. Ya para 1981 la situación seguía empeorando, y me di cuenta con mucho dolor, que si seguía en mi país quizás lo que podíamos esperar mi familia y yo era la muerte. Y entonces decidimos emigrar e irnos a cualquier lugar del mundo. Cualquier lugar era mejor que quedarse en Nicaragua. Conseguimos una visa americana y el 5 de julio de 1981, mi esposo, yo y nuestra pequeña Naraya de sólo nueve años, abandonamos el país con una maletita. Atrás quedaban nuestra casa, nuestros padres, amigos, conocidos…

Llegamos a Miami y claro está: el choque cultural nos dio en la cara; pero teníamos que comer y sobrevivir, y sobre todo buscar cómo salir adelante. Éramos jóvenes todavía y como tales teníamos sueños qué lograr. Los primeros años fueron durísimos, trabajaba en el día como cajera en un supermercado y por la noche comencé a ir a la escuela. Tomé algunas clases de inglés y por fin pude inscribirme en Saint Thomas University; tuve la dicha de que esa universidad me reconociera 81 créditos académicos. Cuando salí de Nicaragua estaba ya en mi último semestre para graduarme con un título en Ciencias de la Educación, con especialidad en español. Me gradué, pero me di cuenta que un nivel de "bachelor" no me sacaba de apuros, y siempre había soñado con recibir un doctorado en español. Presenté mi solicitud en la Universidad de Miami y me pusieron en una lista de espera con la esperanza de obtener una beca, pues no había dinero para pagarme los estudios. Después de tres años en la lista, por fin me aceptaron y comencé a estudiar. Me dediqué en cuerpo y alma a prepararme. El tiempo se me iba entregada a los estudios y al trabajo durante el día, pero por las noches, era atormentada por los recuerdos de la guerra civil. Así comencé a escribir y fui guardando mis papeles. En el verano de 1994 los revisé y me di cuenta que tenía una novela en mis manos. Salió a la luz ese mismo año en Miami y la titulé *En carne viva*, pues de esa manera me sentía vivir. No solamente grito en esa novela la denuncia al mundo de los muertos en la guerra civil, del asesinato impune, de la injusticia, sino también que está dedicada a mi hijo nacido en los Estados Unidos. Me daba mucha angustia pensar que mi hijo fuera absorbido por completo dentro de la cultura norteamericana y que olvidara su raíz, su lengua y todo lo que nos define como hispanoamericanos. Así que la mitad de esa novela *En carne viva* recoge leyendas, cuentos que yo había oído cuando era muy niña y está dedicada a mi hijo Edgar José: "Me dices que te cuente un cuento… Y te contaré muchísimos y podrás tapizar de cuentos tu cuarto. Te los contaré de una sola manera para que no se te olviden. Tú serás mi memoria y construiré en ti un nido para todos mis pájaros huérfanos de abrigo". (*En carne viva*, 8)

El año siguiente, el 95, fue memorable para mí. En mayo nació mi tercer hijo, Isaac, y en junio me gradué de la Universidad de Miami con un doctorado en español, con una concentración en la poesía del siglo XX. Mi disertación fue sobre Pablo Antonio Cuadra, poeta nicaragüense. Tuve la bendición de que mi poeta admirado estaba vivo y pudo leer mi disertación. Un día recibí una llamada telefónica de parte de la Academia Nicaragüense de la Lengua, para comunicarme que la Academia publicaría mi disertación. En 1996 apareció con el título: *Pluralidad de máscaras en la lírica de Pablo Antonio Cuadra*.

En 1997 obtuve mi primer trabajo como profesora de español a tiempo completo en Withworth College en Spokane, en el estado de Washington. Fueron tres años duros por el clima, pero sobreviví y comencé a escribir poesía como una loca. De esa vivencia nacieron dos poemarios: *Percepción fractal* y *Exorcismo del absurdo* publicados ambos en 1999. La experiencia fue invaluable, ayudó a mejorar mi inglés entre otras cosas, pero la nostalgia me estaba matando y decidí buscar un lugar más acogedor, y por eso llegué a Southeast Missouri State University, a orillas del río Mississipi: "Así pues un día, arribé a su playa empujada por los vientos, con los pies descalzos, con mi vestido de algas, con mi canasta rebosante de poesía y un hondo naufragio detenido en mis pupilas". (*Percepción fractal*, 26). Había comenzado a aquietarme, pero en 2002, en agosto, uno de los meses más aciagos de mi vida, se trastornó por completo mi vida. Mi Narita –como yo llamaba a mi hija, la que traje de Nicaragua, falleció súbitamente víctima de un aneurisma cerebral. Realmente no sé cómo lo hice, quizás fue el instinto de supervivencia lo que me hizo seguir adelante... fue terrible y cada vez que recuerdo esos días me estremezco. Quedé huérfana de hija y también de amiga. Enseñaba mis clases casi perdida, ausente y con un gran nudo en la garganta. Me refugié en la escritura y comencé a parirla de nuevo pero esta vez para sus hijos. Cada día lloraba y escribía, la gesté en cinco años y en 2008 la publiqué. Me obsesionaba la idea de que a mis nietos se les llegara a borrar su recuerdo, y quería contarle a todo el mundo de lo linda que era mi hija, quería honrar su memoria y así quise dejar constancia como por ejemplo de cada uno de nuestros días compartidos sobre todo cuando era una niña y contarles a mis nietos cosas que sólo yo sabía, como el día en que nació:

"FUE SIMBÓLICO SU NACIMIENTO EN EL MES DE FEBRERO y en una antífona este mes ha sido descrito como un mes joven, que muere corto de días. *Mes enamorado e inconstante. "Febrero loco, de todo un poco", dice el refrán. Días calurosos, días frescos, días calmos, días ventosos. Días de sol, días nublados. Noches de estrellas encendidas por el aire... Hojas secas y polvo giran en los remolinos del viento en los recodos del camino...*

Los pequeños "tlamachas" –ángeles nahuas– recogen rocío en los amaneceres... En la noche –desde febrero a septiembre– cruza el cielo la "Carreta nahua" –la Osa mayor– con su boyero maldito. Y un extraño dios brujo asoma sus ojos en la constelación que los antiguos llamaron de "Los gemelos".

Déjame que te cuente...

Naraya nació un domingo de mucho viento casi a finales del mes más veleidoso del año, a las 7:10 de la mañana en el hospital San Vicente en Matagalpa, ubicado al otro lado del río Grande, exactamente en la parte noroccidental. Supe desde el primer momento que la sentí en mi vientre que era una mujercita y así me lo confirmó la partera que llegó a verme el viernes por la mañana cuando ya se me anunciaban los dolores del parto.

–Es una hembrita– me dijo doña Chica sobando mi vientre crecido.

–Se está acomodando... te falta mucho todavía... espérala para mañana o el domingo.

Y NARAYA llegó con sus grandes ojitos negros abiertos a la vida, con su carita redonda... y desde que tuvo tres meses comenzó a hablar con los pequeños tlamachas en su lengua de pájaro. Me despertaba su gorjeo y elevaba sus manitas para que la sacara de la cuna...

¡Ay! Muchachita mía...

–¿A dónde has ido?

–¡Qué solita me dejaste!

–¿Quién me llamará para saber si he regresado con bien de algún viaje?

–¿A quién le describiré ciudades visitadas por vez primera?

–¿A quién le contaré mis impresiones de otras gentes?

Antiguo era nuestro amor de madre a hija... ya que las dos compartíamos la misma reverencia por los misterios de la vida... a veces nos comunicábamos telepáticamente y en el espacio nuestros dedos encendidos se tocaban". (*Naraya*, 14-15)

Unos meses antes de la muerte de Naraya, tuve presentimientos, por las noches muchas veces cuando me despertaba y al abrir mis ojos veía la figura de la muerte alzada sobre la puerta de mi cuarto. Vi su imagen cuatro veces... "sé que en realidad me rondaba, pero me equivoqué al pensar que era yo la escogida, y pensar que hablé con él muchas veces, interrogándolo:

Tú, el de los ojos insomnes
Tú, el de las pupilas innumerables
Tú, el del paso silencioso
¿Qué perfume delatará tu presencia?
¿Qué sonido te anunciará?
¿Vendrás encendido de luz?
    Quizás ya ahora me rondas...
    Tal vez ya me acechas...
Tú, el de las cuatro alas,
Tú, el de los cuatro rostros
Tú que conoces el beso del tiempo
Tú, cuya inmensidad es más vasta que el cielo
¿Qué palabras me dirás?
¿Te traerá el mediodía o el atardecer?
¿Podré distinguir tu presencia en la sombra?
Tú que eres sombra-luz
¿Me dejarás despedirme de los que amo?
¿De los hijos, rosales que sembré en la tierra?
¿O celoso sin darme tiempo me segarás con tu hacha?
    Quizás ya ahora me rondas...
    Tal vez ya me abrasas...

La escritura de esta novela me sirvió de catarsis, he aprendido a vivir con el dolor, pero todavía no estoy exenta de algunos días que yo llamo "malos", sobre todo cuando se acercan sus fechas, la de su nacimiento y la de su muerte.

A raíz de la partida de Naraya me mudé nuevamente. Creo que fue un acto de angustia, buscaba estar más cerca de mis nietos, ellos viven en Miami, y así un día empaqué mis cosas y el viento nuevamente me empujó hacia el sur, ahora estoy en Anderson, Carolina del Sur. No puedo decir si me quedaré, tengo corazón gitano, y siempre estoy abierta a nuevas experiencias. Aquí en mis vacaciones de verano, escribo y he podido publicar dos libros de ensayo que van de acuerdo a mis intereses en la investigación. Quise encontrar sentido a mis investigaciones, aportar algo y no publicar por publicar, eso me llevó a seguir trabajando en la poesía y como fruto de ese trabajo, un colega, Omar Antonio García Obregón y yo, nos pusimos de acuerdo y publicamos una antología titulada:

Déjame que te cuente…

El Güegüense al pie de Bobadilla: Poemas escogidos de la poesía nicaragüense actual. "Esta amplia selección poética, con igual número de mujeres y de hombres que aportan a la poesía nicaragüense tanto dentro como fuera del país, muestra que ante la posible evangelización ante el poder, la poesía nicaragüense, en general, no ha perdido su rebeldía al mostrar su diversidad, su polifonía, contra los discursos dominantes que insisten en imponer su uniformidad –elemento este último que esta muestra poética desmiente". (44-45) "Esta selección en su variedad se propone probar lo que los propios poetas de hoy ya vienen manifestando: sus diferencias, ya sean sexuales, sociales, étnicas, culturales, geográficas y políticas". (*El Güegüense*, 45)

También del 2008 es mi ensayo titulado: *Helena Ospina: La voz encendida de la poesía mística en Centroamérica. Un análisis del proceso místico y poético.* Me interesó este tema porque: "lo religioso ha sufrido una tremenda crisis en el mundo en estos dos últimos siglos, y quizás una consecuencia directa de esto sea, la escasez de estudios serios sobre este tipo de manifestación en la literatura. Y acuciada por esta carencia, y como una estudiosa que soy de la literatura centroamericana, especialmente de la lírica, me di a la tarea de buscar poesía que manifestara el tema religioso de una manera constante". (*Helena Ospina*, 9)

En conclusión, puedo decir que he sido moldeada por una experiencia de desarraigo, de exilio y de transculturación. Además de las experiencias personales y muy dolorosas a las que he tenido que enfrentarme. Todo esto ha sido para mí un caudal de aprendizaje, conocimiento que se ha transmutado en una manera muy especial de ver la vida; y que de alguna forma me han dado respuestas a mis interrogantes del papel que desempeñamos en esta tierra. Y por eso, mi última novela publicada en septiembre de 2011 se titula *Silarsuami*, que en una lengua de Groenlandia, el kalaallisut, significa *estar en el universo*. Y: "ESTAR EN EL UNIVERSO / Es darse cuenta que la única realidad es el Divino Amado… / Es buscar la sabiduría espiritual. / Es internarse en nuestro tupido bosque / para iniciar desde ahí nuestro periplo hacia / el encantado jardín del Espíritu". (*Silarsuami*, 131)

Y por último, me gustaría que mis descendientes no perdieran la conexión con el origen de sus antepasados. Que mantuvieran la lengua, las tradiciones, que aprendieran a vivir en el presente, que vivieran cada día como el último. Que todas sus relaciones incluyendo las laborales estuvieran basadas en el amor y el respeto por lo que uno hace. Y en última instancia integrarse no sólo a su comunidad circundante, sino ser y vivir como ciudadano del mundo, es decir, respetando otras culturas y otras formas de vida.

Let me tell you…

Conny Palacios

Let me tell you: "I was born when the air was filled with the smell of gunpowder from fireworks, and in the kitchens the large earthenware jars of ciliano chicha,[1] ginger chicha, witch chicha, raizuda chicha, yucca chicha, and chicha of bijagua occupied their place of honor." (*En carne viva*, 14) My childhood elapsed between the country and the city. Of my country stays, I remember the stories that my father used to tell me when he arrived from his trips. He was a diehard hunter and always upon his return there was a story blooming on his lips. Stories of lost souls, tales of cadejos,[2] tales of ceguas;[3] in which he was the leading man. I my mind whenever he was carrying me in his arms, so that I wouldn't cry, I am pretty sure that he would tell me one of his stories. He was always telling me that I used to sleep by day and by night I used to cry. So, this love I have for literature was fed to me like mother's milk. I was a rebellious adolescent, I detested adult rules. Yet, I was obedient, quiet and quite a solitary person. I always liked books and my mother tells me that when I had my first birthday, as it was the essential tradition, she put me on a rush mat and gave me a choice between a book, a flower and I don't remember what else. What I was to take between my hands would indicate my future inclination. To the surprise of my parents, I took a book between my hands and put it in my mouth. I believe sincerely that my love for books began there. With time, I found in books, besides knowledge, refuge, and why not say it, a guide during my years as an adolescent. I always was a fine student. My grades

---

[1] Fermented drink made from corn.
[2] Dog from Mesoamerican mythology.
[3] Woman from Mesoamerican mythology that used to go out to frighten spoiled men.

Déjame que te cuente...

were the best in the school system. I was an "A" student, a "10" which was the maximum grade. At the end of the school year, the nuns at Saint Joseph School, where I studied, rewarded me with some book as a prize. To this day, I still treasure a beautiful book that was a kind of life's guide for the "Josephina" student, whose motto was: *"Esteem toward you, kindness toward others…"*

As a good Sagittarian with a hided arrow –according to the description of one of my friends of graduate studies– I longed for liberty and wanted make my own decisions. I forgot to tell you that I come from a very strict Catholic family; an upbringing that now I recognize, was good for my formation. I got married very young, barely after graduating from high school. I clearly remember what I said to my boyfriend, now my husband, on the day he proposed: "I will marry you, but let me continue studying." I never imagined myself blocked up between four walls. But, the change brought to my life other, not foreseen responsibilities. I had to look for a job, since my husband, as young as I was, hadn't finished his studies either. I got a job as a secretary that lasted six months before I resigned. I said to my husband, "I can't be a secretary because I don't like to work all day long receiving orders from any man." So it was that I started college. In order to help with my expenses, I accepted an interim job as a teacher that lasted three months. I was a rural teacher and I discovered that loved to teach. Thus I initiated, without knowing it, my career in education at the same time, I discovered my vocation.

At the end of the seventies, the political situation in my country, Nicaragua, got very difficult. You could breathe the unsafe atmosphere and sense the uncertainty. There was a lot of repression from the Somoza regime. The situation escalated to such point that it became a civil war. Two parties fought each other for supremacy in power: The Sandinistas and the partisans of Somoza. Deaths and disappearances were the order of the day. Finally in July 1979, the Sandinista Revolution triumphed. It had vast international support. I remember those first days as a nightmare, because after their triumph, the killings kept adding up. All that t took was an accusation to be assassinated. Horror and chaos ruled the country. During this time I learned about ration cards, I experienced the CDS (Sandinista Defense Committee) that controlled each neighborhood and each block in the cities. It was as if you almost had to request permission to breathe. During this time, I was working as a Spanish teacher in an institute. After the revolution I signed up as member of the literacy brigades: idealists, like I was, dreaming about going through the countryside teaching and reading to the country folk. From this experience, I remember one that stays printed in my memory: the pleasure that I felt when a countryman was able to write his name on the blackboard with his rough, strong hand. I almost cried with emotion…but after a few months, the commandants in chief, –as they pompously used to be called– started to take off the mask of kindness, and show off the dark metal of their hearts. By 1981, the situation got worse, and I realized, with much pain, that if I continued living in my country, perhaps all that I could expect for my family and me was death. Then, we decided to emigrate; to go any place in the world. Any place would be better that staying in Nicaragua. We got an American visa and on July 5, 1981, my husband, our little nine year old Naraya and I abandoned our country with only a single suitcase. Behind us laid our home, our parents, our friends, our acquaintances…

We arrived in Miami, and of course, the cultural shock smacked us in the face; but we had to eat, had to survive, and most of all, had to look for a way to go on. We were young with dreams to fulfill. The first years were very hard, I worked during the day as a cashier in a supermarket and by night I began to go to school. I took some English classes and finally I was able to register at the University of Saint Thomas; it was a blessing that the university recognized 81 of my academic credits. When I left Nicaragua, I was in my last semester before graduating with a degree in Educational Science, with a specialty in Spanish. I graduated, but I realized that a bachelor's degree didn't get me out of need. I had always dreamed of receiving a doctorate in Spanish. I presented my application to the University of Miami and I was placed in their waiting list with the hope of obtaining a scholarship, because I didn't have money to pay for my studies. After three years in the waiting list, at last they accepted me and I started to study. I devoted myself in body and soul to my studies. The time went by devotedly studying and working during the day, but by night I was tormented by memories of the civil war. To relieve my stress, I started to write and started collecting my papers. In the summer of 1994 I reviewed them and I realized that I had a novel in my hands. It appeared the same year in Miami with the title *En carne viva* because I felt that was the way I was living. The novel, not only was a shout denouncing to the world the many fatalities from the civil war, the unpunished assassinations, the injustice, but also, it was a dedication to my son, who was born in the United States. It caused to me a lot of anguish to think that my son might be so completely absorbed by the American culture that he might forget his roots, his language and everything that defines us as Hispanic Americans. So, half of the novel *En carne viva* is a gathering of legends; stories that I had heard when I was very young. It is dedicated to my son Edgar José: "You tell me to tell you a story ... and I am telling you so many that you will be able to cover your bedroom with a tapestry of stories. I will tell then to you in such way that you won't forget. You will be my memory and I will build in you a nest where you can shelter the orphan birds of my memories." (*En carne viva*, 8)

The following year, 1995, was memorable for me. In May my third son, Isaac, was born and in June I graduated from the University of Miami with a doctorate in Spanish with an area of concentration in 20th century poetry. My dissertation was on Pablo Antonio Cuadra, a Nicaraguan poet. It was a blessing that my admired poet was alive and he was able to read my dissertation. One day, I received a phone call from the Academia Nicaragüense de la Lengua informing me that they would publish my dissertation. So, in 1996 my doctoral thesis appeared in print under the title of: *Pluralidad de máscaras en la lírica de Pablo Antonio Cuadra* (The Many Masks in the Lyric of Pablo Antonio Cuadra).

Conny Palacios

In 1997, I got my first job as a full time Spanish professor at Whitworth College in Spokane, Washington State. Those three years were hard due to the climate, but I survived and started writing poetry like a crazy woman. From this deeply felt experience two poetry books were born: *Percepción fractal* and *Exorcismo del absurdo* (*Fractal Perception and Exorcism of Absurdity*) both published in 1999. The experience was invaluable. It helped to improve my English among other things, but the nostalgia was killing me and I decided to look for a friendlier place. So, I arrived at Southeast Missouri State University, on the banks of the Mississippi River: "One day I arrived at this shore, pushed by the winds, with bare feet, with a dress of seaweed, with my large round basket, overflowing with poetry and a deep shipwreck held in my pupils." (*Percepción fractal*, 26) I had started to quiet down, but in 2002, in August, one of most ill-fated months of my life, my life turned upside down completely. My Narita —as I used to call my daughter, the one I brought from Nicaragua— passed away suddenly, victim of a cerebral aneurism. Truly, I don't know how I did it; maybe it was "survival instinct" what made me continue ahead… Life was terrible; each time that I remember those days I tremble. I was left an orphan of my daughter and an orphan of a friend. I taught my classes almost lost, absent and with a great lump in my throat. I took refuge in writing. I started to give birth to her all over again, but in this time, I brought her forth for her children. Every day I cried and wrote. I carried her for five years and by 2008 she was published. I was obsessed with the idea that she would be erased from my grandchildren. I wanted to tell everybody how beautiful my daughter was. I wanted to honor her memory and thus, to leave evidence as an example of each of our shared days, especially when she was a child, and most of all to tell to my grandchildren things that I alone knew. For example the day when she was born:

"HER BIRTH IN THE MONTH OF FEBRUARY WAS SIMBOLIC, and in an antiphon this month has been described as a young month, that passes away short of days. *Loving Month and inconstant. "Crazy February, of everything"*, goes the saying. Hot

Déjame que te cuente...

days, cool days, calm days, windy days. Days of sun, cloud days. Nights of stars lit by the air... Dry leaves and dust whirl in the vortex of the wind in the bends of the road...

The little "tlamachas" –nahua angels– pick up dew in the dawn... In the night –from February to September–, the "Carreta nagua" –the Great Bear– crosses the sky with her damned ox driver. And a strange witch god peeps out his eyes in the constellation that the ancients called "The twins".

Naraya was born on a very windy Sunday almost at the end of the most inconstant month of the year, at 7:10 of the morning in Saint Vincent Hospital in Matagalpa, located on the other side of the river Grande, exactly in the northwest part. I knew from the first moment that I felt her in my belly that she was a little woman and thus confirmed the midwife that came to see me on Friday morning when the birth pains already were beginning.

–Is a little female– said Mrs. Chica rubbing my swollen belly.

–She is getting comfortable... there's a long time still... Expect her by tomorrow or Sunday.

And NARAYA came with her big black eyes opened to life, with her little round face... and since that she was three months old began to talk with the little tlamachas in her bird's tongue. She would awake me with her babble and she raised her little hands so I would take her from the crib...

¡Ay! My little girl...

–Where have you gone?

–How lonely you left me!

–Who will call me to know if I have come back with well from some trip?

–To whom will I describe visited cities I visited for the first time?

–To whom will I tell my impressions of other peoples?

Ancient was our love of mother and daughter ... since both of us shared the same reverence for the mysteries of life... sometimes we communicated telepathically and in space ours inflamed fingers touched." (*Naraya*, 14-15)

A few months before Naraya's death, I had omens, many times at night when I woke up and on opening my eyes, I would see the figure of Death risen above the door of my bedroom. I saw his image four times... and knew that he was prowling around me, but I was mistaken thinking that I was the chosen one, and to think that I talked to him many times, interrogating him.

> You, the one of the insomnious eyes
> You, the one of the innumerable pupils
> You, the one of the silent step
> What perfume will denounce your presence?
> What sound will announce you?
> Shall you come burning with light?
> > Maybe already you are closing on me...
> > Maybe already you are lurking for me...
> You, the one of the four wings,
> You, the one of the four faces
> You that know the kiss of time
> You, whose immensity is more vast than the sky
> What words you will you say to me?
> Will the noon or the dawn bring you?
> Will I be able to distinguish your presence in the shadow?
> You that are a shadow-light
> Will you let me say good-bye to the ones I love?
> > The children, Rose bushes that I sowed on the earth?
> > Or jealous, without giving me time will you mow me with your ax?
> > Maybe already you are closing on me...
> > Maybe already you are burning me...

The writing of this novel served me as catharsis, I have learned to live with the pain, but yet I am not exempt from some days that I call "bad", above all when her dates are near, the one of her birth and the one of her death.

Déjame que te cuente...

Because of Naraya's departure I moved again. I belief it was an act of anguish, I was looking to be closer to my grandchildren, they live in Miami, and thus one day I packed my belongings and the wind newly pushed me to the south, right now I am in Anderson, South Carolina. I can't say that I will stay, I have a gypsy heart and I am always open to new experiences. Here in my summer vacation, I write and have been able to publish two books of essays that are in accord with my interests in research. I wanted to find sense in my research, to contribute with something and not publish only to publish; that took me to continuing working on poetry and as a fruit of this work, a colleague, Omar Antonio García Obregón and I, agreed and published an anthology entitled: *El Güegüense al pie de Bobadilla: Poemas escogidos de la poesía nicaragüense actual.* "This wide poetic selection, with the same number of women and men that contribute to Nicaraguan poetry, as much inside as outside of the country, shows that before the possible evangelization in the presence of power, Nicaraguan poetry, in general, has not lost its rebelliousness by showing its diversity, its polyphony, against the dominant discourses that insist on imposing their uniformity –this last element which this poetic sample contradicts." (44-45) "This selection in its variety proposes to probe what these same poets of today already are making manifest: their differences, whether sexual, social, ethnics, cultural, geographic, and political." (*El Güegüense*, 45)

Also from 2008 is my essay entitled: *Helena Ospina: La voz encendida de la poesía mística en Centroamérica. Un análisis del proceso místico y poético.* I was interested in this theme because: "The religious element has suffered a tremendous crisis in the world in these last two centuries, and maybe as a direct consequence of this is, the scarcity of studies serious about this kind of manifestation in literature. And urged by this lack, and as a scholar that I am of Central American literature, especially of the lyric, I gave myself the assignment of looking for poetry that manifests the religious theme in a constant manner." (*Helena Ospina*, 9)

In conclusion, I can say that I have been molded by an experience of uprooting, of exile and transculturalization, besides personal and very painful experiences which I have had to face. All of this it has been a wealth of learning, knowledge that has transmuted itself in a special way of seeing life; and that in some form it has given answers to my questioning about the role that we play on this earth. And for this reason, my last novel published in September of this year has the title *Silarsuami*, in a language of Greenland, the Kalaallisut, means *to be in the universe*. AND: "TO BE IN THE UNIVERSE / is to realize that the unique reality is the Beloved Divine… / It is to look for spiritual wisdom. / It is to penetrate into our dense rainforest / to initiate from there our voyage toward / the enchanted garden of the spirit." (*Silarsuami*, 131)

And finally, I would like my descendants not to lose the connection with the origin of their ancestors. That they keep their language and traditions, that they learn to live in the present, that they live each day as it if were the last. That all their relationships including work be based on love and in respect for what one does. And in last instance to integrate themselves not only to the surrounding community but to be and to live as citizens of the world, that is, to respect other cultures and other ways of life.

Dos en una

Amalia Gensman

Dios me colocó dentro de un dualismo. He vivido dos tercios de mi vida en los Estados Unidos y veo que soy dos personas en una. Soy gringa en México y mexicana en Oklahoma. Soy rubia en México y morena en Oklahoma. Me consideran alta en México pero soy baja en Oklahoma. Soy hija en México pero soy madre en Oklahoma. Enseñaba inglés en México y enseño español en Oklahoma. Mi vida es y ha sido esta realidad: soy dos en una. Por un lado soy esposa, madre, abuela; por otro soy profesora, consultora, profesional, directora del ministerio hispano. Soy la maestra Amalia, soy Barreiro, soy Mrs. Gensman.

Soy la quinta de una familia de once hermanos. Mi padre, Plutarco Barreiro fue uno de los pioneros de la música folklórica mexicana. Por medio de su trabajo en la Universidad Nacional Autónoma de México (UNAM), hizo amistad con la señora Ada Knight, maestra de español de Lawton High School en Lawton, Oklahoma. Desde niña me divertía entreteniendo y agasajando a miembros del grupo "The Youth Ambassadors" (estudiantes de la Señora Knight que con ella visitaban México cada verano). Además de enseñarles bailes folklóricos en mi casa, cada año a uno de nosotros nos tocaba visitar Lawton, vivir en casa de la señora y ayudarle en su clase de español. Con la finalidad de sacar fondos para el viaje, anualmente se presentaba un festival de bailes folklóricos mexicanos montado por nosotros y sus alumnos y se ofrecía una cena para todos los estudiantes de la región.

Ser miembro de una familia de once no parecía gran cosa en la colonia donde viví. En el Pedregal de San Ángel, (en México, Distrito Federal) casualmente en el Boulevard de la Luz había varias

Déjame que te cuente...

familias muy numerosas y casi todos nuestros amigos, tanto míos como los de mis hermanos vivían cerca de mi casa. Cada verano, nos convertíamos en la familia más popular del Pedregal pues en mi casa se hacía una gran fiesta para los Youth Ambassadors a la que todos asistían para conocer a los gringos y practicar el inglés. Por lo general, los americanos eran grupos de treinta más o menos, entre estudiantes y adultos. Eran prácticamente los que cupieran en el decrépito autobús escolar amarillo con el rótulo de "Lawton High School" impreso afuera; mismo que causaba gran impresión por las calles de México pero que destrozaba la espalda de los pobres chicos después de 48 horas de camino. "Ya vimos el camión... ¿cuándo es la fiesta?" Era el comentario que se hacía entre nuestros amigos en cuanto el autobús se paraba enfrente de la casa.

Mi camino permanente hacia Oklahoma comenzó en julio de 1964 cuando Larry Gensman, presidente de los Youth Ambassadors de ese año se presentó en mi casa. Cuando lo vi por primera vez, no me imaginé hasta donde iba a cambiar mi vida. Ese año y el siguiente fue mi oportunidad de vivir en Lawton y trabajar con Larry y los Youth Ambassadors. Comenzando desde entonces un romance que continúa hasta la fecha. Él aprendió a bailar la bamba y hasta hacer el moño con los pies. Pasamos muchas tardes vendiendo dulces, chocolates y pasteles para sacar fondos para esos viajes a México. Hasta la fecha, el ver una barra de chocolate de la compañía World Famous Candy me trae recuerdos innumerables de tardes enteras pasando de oficina a oficina vendiéndolos. Al igual recuerdo ver a la Señora Knight confeccionar más de ochenta pasteles en un día. El 26 de febrero de 1966 nos hicimos novios durante un baile escolar de Lawton High School.

Entre los años de 1966 y 1968 Larry viajaba a México para verme y tuvo que adaptarse a las tradiciones culturales del noviazgo. Tuvo que hablar con mi papá para pedirle permiso de ser mi novio. Tuvimos que salir con chaperones. Ya que mis cursos en la carrera de historia en la UNAM se daban por la tarde, sólo podíamos vernos por las mañanas y como mis hermanos estaban en la escuela, mi mamá era nuestro chaperón. Claro que a mí me podía atropellar un coche, pero Larry llevaba a mi mamá del brazo para cruzar las calles. Mi marido supo ganarse el cariño y la confianza de mi familia. Siendo él el novio oficial, mi padrino nos invitó un día a cenar a su casa. Para comenzar, le ofreció un poco de chile chipotle como aperitivo. El chile todavía contenía semillas y venas. Después de probarlo, él pidió más. Esto lo convirtió, a ojos de mi tío, en el americano más mexicano de la familia. La tía decana de la familia lo conoció durante una cena en mi casa. Esa noche cuando mi hermana y mi cuñado (con quienes Larry se quedaba) la regresaron a su casa, él no sólo la ayudó a bajar del coche, sino que le pidió las llaves, le abrió la puerta y entró primero para encender la luz. Mi tía y toda mi familia lo adoptaron como miembro especial. Hasta la fecha, Mr. Larry es bienvenido con comidas, cenas y agasajos cada vez que visita México.

Nuestro matrimonio se celebró el 16 de enero de 1969. Escogimos esa fecha porque es muy importante en mi familia. Era el cumpleaños de mi abuela paterna, el aniversario de boda de mis abuelos paternos y el aniversario de boda de mis papás. En esa forma me aseguré que nuestro aniversario no fuera fácil de olvidar. Aunque la fecha ya estaba decidida, tuvimos problemas y por poco se canceló. Debido a la guerra en Vietnam, el gobierno americano lo llamó a alistarse al ejército el 10 de diciembre. Creo que Dios estaba de nuestra parte, pues al llegar a la oficina de reclutamiento lo regresaron por no tener el peso adecuado. (Larry es muy delgado, algunos amigos me han dicho que a ellos les recuerda a don Quijote). El 15 de diciembre tuve que llamar a todos los sitios a reordenar todo para casarnos y volver a sacar el permiso de gobernación.

Después de una corta luna de miel en Puerto Vallarta y un sólo mes de espera, recibí mi permiso de migración. Tuve que tramitar una serie de documentos y cartas que acabaron sellados en un sobre tamaño oficio con el que entré al país. Cuando me preguntan mi situación legal en Estados Unidos, les digo que yo no nadé el Río Grande sino que lo pasé por alto aunque con todo lo que traía cargando, pensábamos que el avión no iba a poder sobrevolar el río.

Déjame que te cuente...

El avión a Dallas, Texas hizo escala en San Antonio para pasar la aduana, con mi papelerío, nos tardamos más de dos horas en pasarla. Bueno, no eran únicamente los papeles sino también los muchos bultos con regalos, las maletas con mi ropa, la lámpara que mi mamá insistió me trajera, etc., etc. Es fácil decir que los otros pasajeros no estaban muy contentos con la tardanza. Así que mi entrada a este país fue con gran pompa y circunstancia. Al llegar a Lawton, me encontré con una familia que me abrió los brazos y me trató siempre como parte integral de los Gensman. Puedo decir que soy tan Gensman como Barreiro.

Por herencia y por experiencia mi vida tiene dos bases muy fuertes: la Fe en Dios y la educación. Desde niña aprendí del ejemplo de mis padres que los obstáculos que se nos presentan no son sino escalones que hay que subir para convertirse en una mejor persona. El impedimento de la vista de mi padre (él quedó ciego al nacer por un tratamiento médico equivocado), lo superó desarrollando una habilidad auditiva que le llevó a ser músico profesional. Mi padre decía que los milagros vienen en muchas formas y que su éxito como profesor de música, como director de orquesta, como folklorista y más que nada como padre, era debido a la superación de todo obstáculo usando la Fe en Dios como escalera.

Mi madre quedó huérfana a los catorce años. El obstáculo de la orfandad, ella lo superó con trabajo constante. Si su educación terminó en el sexto grado de primaria, superó este obstáculo leyendo, viajando y visitando museos. Era admirada constantemente por sus conocimientos. Recuerdo que en cada cuarto y recámara de mi casa había libreros llenos con colecciones de libros con todo tipo de información y la recuerdo a ella sentada en la sala leyendo el periódico y comentando las noticias con mi papá o con quien estuviera presente.

Comparados a los de mis padres, mis obstáculos han sido menores y me han dado la oportunidad de crecer. Al ser zurda aprendí a inclinar el papel para poder escribir al estilo Palmer que era el requerido en el Colegio Francés donde estudié desde el kínder hasta la preparatoria. Frente al obstáculo de la distancia geográfica entre Larry y yo, aprendí a escribir cartas diarias, a veces hasta dos al día; lo que me ayudó a aprender mejor el inglés. La traba de no poder enseñar en Estados Unidos porque no tenía el título de maestra del estado, me mandó a la universidad a estudiar. Mientras aprendía la historia de Estados Unidos, comprendía con profundidad su cultura y su forma de funcionar. Al cerrar la compañía donde trabajaba Larry y su desempleo por un año, recibí una fuerza interior que me ayudó a aprender a economizar, a valorar mi aportación a la familia y a saber lo que era el amor incondicional.

Por medio de la Fe y la educación he logrado subir la espiral de mi vida hasta donde estoy. Los años de experiencia, el amor y el apoyo emocional de mi esposo y de mis cuatro hijas me han ayudado y permitido crecer en el área profesional. Mi trabajo de treinta y cuatro años me ha dado miles de satisfacciones. Los estudiantes que han pasado por mis manos han sido muchos y aunque no recuerde su nombre, ellos me recuerdan a mí. La satisfacción de ver exalumnos que ahora son maestros de español o tener alumnos que son hijos de los que fueron mis alumnos, es tener un recorrido completo.

Hace quince años empecé a enseñar el curso de Advanced Placement de Lengua Española porque me encontré con una de mis exalumnas y ella estaba enseñándolo. Me di cuenta en ese momento que me estaba estancando profesionalmente y tuve que enfrentarme al obstáculo de la mediocridad. Ante esto tuve que superar mi forma de enseñar y preparar un curso con mayores intereses académicos. El haber sido invitada por College Board para servir como consultante y presentar mi material a otros maestros, ha abierto para mí la oportunidad de pasar a otros mi legado profesional.

Como expliqué, tengo dos nacionalidades y estoy muy orgullosa de ambas. Mi origen, mi sangre, mi raíz están plantadas en el D.F. Tengo que regresar cada año a respirar un poco de la contaminación y el smog para llenar mi espíritu de energía; pero

Déjame que te cuente...

mi tronco y mis ramas están en los Estados Unidos. Mi esposo, mis hijas y mis nietas están aquí. Ellos, mis seres más queridos, conocen mis sentimientos y mi ser. La relación de mis hijas con la familia Barreiro es tan íntima como la es con la familia Gensman. Este lugar me abrió los brazos, me aceptó tal como soy. He sido reconocida, admitida y respetada. Mis cuarenta y dos años de vida americana han estado plasmados de momentos felices, de una vida en paz.

Con el paso de los años, he podido dar de mí misma, encabezar la comunidad hispana de la iglesia a la que pertenezco y he podido hacer que mi gente sea reconocida como parte de la comunidad y no como extranjeros. He trabajado con angloparlantes y con hispano-hablantes y de ambos he recibido aprobación, aliento, ejemplo y cariño.

Creo que puedo resumir las experiencias de mi vida con el poema que escribí hace unos años para el Día de Gracias:

Amalia Gensman

Experiencias

Experiencias son los pasos que por la vida se dan.
Que nos llegan día con día y que vienen y que van.

Unas pequeñas, efímeras, que vienen cual respirar.
Que nos dan gusto o disgusto y que pasan sin parar.

Otras en cambio profundas, que causan transformación.
Que dan molde a nuestro espíritu, que son una gran lección.

Que llevan a etapas nuevas, que nos fuerzan a crecer.
Que cambian nuestro camino, que nos hacen entender.

Experiencias que dan ánimo, felicidad e ilusión.
Experiencias que dan penas, dolor y desilusión.

Todas ellas forman parte del ser y la identidad.
Todas forman nuestra historia, nuestra personalidad.

Siempre serán bienvenidas, aunque causen gran dolor.
Porque sabemos que ayudan a forjar al corazón.

Por ellas a Dios doy gracias en el día de gracias dar.
Pido que cada experiencia mi vida pueda llenar.

Two into One

Amalia Gensman

The Lord placed me in a dual life. I have lived two thirds of my life in the United States and I see myself as two in one. I am a gringa in Mexico and a Mexican in Oklahoma. I was a blond in Mexico and I am a brunette in Oklahoma. I am considered tall in Mexico but I am short in Oklahoma. I am a "daughter" in Mexico and a "mother" in Oklahoma. I was an English teacher in Mexico and I am a Spanish teacher in Oklahoma. My life is and has been this dual reality: I am two in one. On one hand I am a wife, mother and grandmother. In the other hand I am a teacher, professional consultant and coordinator of Hispanic ministries. I am Ms. Amalia, I am Barreiro, I am Ms. Gensman.

I am the fifth in a family of eleven children. My father, Plutarco Barreiro, was one of the pioneers of Mexican folk music. Through his work in the National University in Mexico (UNAM), he was acquainted with Ms. Ada Knight, a Spanish teacher at Lawton High School in Lawton, Oklahoma. Since I was very young, I had fun hosting and entertaining members of *"The Youth Ambassadors"*, a student organization that would visit Mexico every summer sponsored by Ms. Knight. At home, we would teach her students folk dances and would organize a party for them. Besides teaching folk dances at home, each year one of us Barreiro kids would come to Lawton and live with the Knights. We would go to school with Ms. Knight and help her students develop Spanish language skills. Each year, the Spanish Club and the Youth Ambassadors would organize a concert/folk festival as a fund raiser. My father would present a concert and the students would perform Mexican folk dances. Together with a dinner and a dance, this yearly activity became very popular among schools in the area.

Déjame que te cuente...

Being a member of a family of eleven didn't seem a big deal in the neighborhood where I lived: "El Pedregal de San Ángel" in Mexico City. Many large families lived there. Many of my friends and my siblings' friends lived close to us. Each summer we became the most popular kids in Pedregal because we would have a party to welcome the *Youth Ambassadors* and to introduce them to Mexican kids. In general, Ms. Knight's group consisted of as many students and adults as the decrepit yellow school bus, with the Lawton High School sign, could hold. This bus not only made a great impression around the streets of Mexico City but also a great impression on the backs of the poor students who had to endure the 48 hour ride. "We saw the bus, when is the party?" was the question that our friends used to ask as soon as the bus stopped in front of the house.

My journey to Oklahoma began in July of 1964 when Larry Gensman, president of the *Youth Ambassadors* that year, showed up at my home. Little did I know the first time we met, how much my life was going to change. That year it was my turn to come to Lawton and live with the Knights. It was my turn to work with Larry and the *Youth Ambassadors*. It was the beginning of a romance that continues to this day. He even learned to dance the Bamba and to tie the ribbon into a bow with his feet as the dance requires. We passed many hours peddling candy bars and cakes to make money for the kid's trip to Mexico. To this date, when I see a *World Famous* brand candy bar I find myself reminiscing of afternoons going from office to office selling them. I remember a Saturday when Ms. Knight baked eighty cakes for the students to sell. At the French Club dance on February 26, 1966, Larry asked me to be his fiancée.

From 1966 to 1968, Larry would travel to Mexico and had to adapt to all Mexican engagement traditions. He had to ask my father's permission to date me; we had to be chaperoned. Since my college courses in the UNAM were in the afternoon, we could only see each other in the mornings. Since my brothers and sisters were in school, only my mother could chaperone us. I could be run over by a car, but Larry was giving my mother his arm to cross the street. My husband gained the love and trust of the entire family. As my official fiancée my godfather invited us to his home for dinner. To start, he gave Larry a taste of chipotle peppers as an appetizer. The peppers had the veins and seeds so it was extremely hot. After tasting it, Larry asked for seconds. This action turned him into my godfather's hero. He declared Larry the best Mexican among the Americans. The eldest aunt of the family met him at a dinner in my home. That evening, when my sister and brother-in-law (with whom Larry was staying) took her home, he helped her out of the car, escorted her to the door, took her keys, opened the door and turned on the light so she could enter her house. My aunt and the entire family adopted him as a special member. To this date, when he visits Mexico, Mr. Larry is welcomed with all kinds of celebrations, gifts and other demonstrations of affection.

We were married January 16th 1969. We selected the date because it was a significant date for my family. It was my paternal grandmother's birthday and the wedding date not only of my grandparents but of my parents as well. I made sure it was a date he could not easily forget. Even though the date was set, we almost had to cancel it. Due to the war in Vietnam, Larry was drafted on December 10th. I believe God's will was for us to be married because when Larry arrived at the recruiting center, he was sent back because of his weight (Larry is very thin; some of our friends had told us that he reminds them of Don Quixote). I had cancelled all our wedding plans but when he called me on December 15th we rushed to get everything ready and renew the Mexican government's permit to get married.

After a short honeymoon in Puerto Vallarta, we only had to wait a month before I got my residence visa. I had to bring with me a sealed envelope with several documents and letters to enter the country. When asked about my emigration experience I jokingly say that I flew over the Rio Grande, however I had so much luggage that we thought the plane might not be able to fly over the river. The Dallas flight made a stop in San Antonio. It took us about

Déjame que te cuente...

two hours to pass immigration (of course it was not only the paper work but the cardboard boxes with wedding presents, the suitcases with all my clothing, the lamp my mother insisted I bring, etc., etc.) It is easy to understand why the other passengers were not happy with us. As you can see I made a grand entrance into this country. When I arrived in Lawton I was greeted with open arms by a family that made me feel as a true member. I can say that I am as much a Gensman as I am a Barreiro.

By heritage as well as by experience, my life is based on two strong pillars: faith in God and education. As a child I learned from my parents' example that obstacles are only steps to climb in order to become a more complete person. My father was blinded at birth yet he overcame his handicap developing a music career using his extraordinary hearing. My father used to say that miracles come in many forms and that his successes as a music teacher, orchestra conductor, folklorist and most of all as a father were due to his faith in the Lord which he used as a stepladder.

My mother lost her father at fourteen, yet she overcame this obstacle by hard work and frugality. She only finished the sixth grade; however, she became an avid reader, a constant traveler and museum visitor. She was admired for her knowledge in many subjects. I remember every room in my home had a bookcase filled with all kind of books with different types of information. I can see her seated in the den reading the paper and making comments about the news to my father or to whoever was present.

I cannot compare my obstacles with my parent's obstacles. What I have faced has given me the opportunity to grow as a person. Being left-handed I learned to turn the paper sideways in order to write in the *Palmer* style of penmanship. To this day people ask how I can write this way. The *Palmer* penmanship was required in the Colegio Francés where I studied from kindergarten to my senior year. To face the obstacle of geographical distance between Larry and me, I wrote a letter every day and sometimes twice a day. This helped me become more proficient in English.

When I was faced with the barrier of work because I did not have a state teaching certificate, I went to Cameron University. As I was learning American history, I understood American culture and developed a kinship with the American way of life. When the airline company in which Larry was employed closed and he became unemployed for a year; I understood what inner strength was; I learned how to be frugal and what was the true meaning of unconditional love.

Through faith and education I have walked the spiral circles of my life. Years of experience, the love and emotional support of my husband and my four daughters have helped me grow as a professional. My thirty four years as a teacher have given me much satisfaction. Many students have learned in my classroom, so many that I cannot remember them. Nevertheless, they remember me. There is no better reward than to see some of my former students become Spanish teachers or to have their children as my new students. I have truly come full circle. Fifteen years ago I started teaching the Spanish Language Advanced Placement course. I saw one of my former students at a professional meeting and she was very excited about teaching it. I realized at that moment that I had become stagnant in my professional growth. I had to face the obstacle of mediocrity. I changed teaching methods and began creating a more academic, more challenging course. Being asked to join the College Board Consultant Program has given me the opportunity to present to other teachers and pass on to them my professional legacy.

As I said before, I have two nationalities and I am proud of both. My roots, my origin, my blood are planted in Mexico City. I have to go back once a year to breathe the smog and the pollution to renew my spiritual energy. My stem, my branches are in the United States. My husband, my children and grandchildren are here. They, my dearest loved ones, know me and know my feelings. My children's relationship with the Barreiro family is as close as it is with the Gensman family. This country opened its doors to me; I have been acknowledged, respected and adopted by it and by

Déjame que te cuente...

its people. My forty two years of American experience have been filled with happy moments, and a life full of peace.

As years have gone by, I have been able to give of myself. As the head of the Hispanic Ministries of my church I have been able to help my people be recognized as part of the community and not as foreigners. I have worked with English speakers as well as Spanish speakers and I have received their approval, their encouragement, their guidance and their love.

I wrote a poem as a way of thanking the Lord for all my experiences which I believe it is a summary of my life; translated it reads something like this:

Amalia Gensman

Experiences

Experiences are the steps one walks in the path of life.
They come to us day by day they come and then, go away.

Some unimportant, ethereal that come almost as we breathe.
They give us joy or displeasure but just pass us like the breeze.

Others are deep and profound, bring transformation and change
They mold our spirit, teach us; they are a lesson to learn,

They bring us to new beginning; they force us to understand
They force us to change our path way, they're a force that makes
                                                                        us grow

Some experiences bring us hope, make us dream, bring happiness.
But others will bring us sorrow, pain and cause stress.

But all of them, when together are our true identity
They are what form our history, our personality.

Experiences are always welcome; even when they bring us pain
Because they do form the essence that force our heart strength

I thank you Lord for experiences, in this day to give You thanks,
And I ask You Lord, to help me use them to create a better life.

Cartas de mi padre

María Dolores Torrón Gómez

Las pequeñas letras de trazo fuerte y seguro, inclinadas hacia la derecha en triángulos puntiagudos... me asaltan la vista. Son cuatro cartas que enseñan la letra y el trazo único del alma de un hombre complicado, profundo, incomprendido y demasiado importante para mí: mi padre.

Esas cartas han soportado el paso de más de veinte años. Fueron enviadas desde Puerto Rico a Miami y cubren un periodo de un año a finales de la década de los ochenta. Para mí, son un legado eterno y un tesoro incomparable, que sigue adquiriendo más valor al sentir el peso de mis propios años sobre mis canas y arrugas.

Don José Torrón Álvarez salió de España por el Puerto de Vigo, en su nativa Galicia, a mediados de 1957. Contaba con diecisiete años y una fisonomía que recogía por igual la sangre de su madre gallega y la de su padre vasco. Delgado, enjuto, muy serio y de cabello muy negro, sus ojos azules y casi líquidos eran una absoluta ventana a su alma. En ellos se veían las turbulencias de un espíritu viejo, maduro y austero. Un carácter recio y callado, que estallaba como la tormenta de verano para calmarse casi inmediatamente... Carácter que le ganó el sobrenombre de "Vinagrillo" entre sus familiares y amigos.

Con sólo diecisiete años, el mayor de los varones de sus padres fue enviado en un trasatlántico a buscar fortuna y camino en América. El destino lo llevó a la República Dominicana, donde permaneció cuatro años trabajando en almacenes y viviendo en una pequeña comunidad de inmigrantes españoles.

Déjame que te cuente...

Contaba siempre que la travesía en el barco fue terrible, y que no se acostumbraba al vaivén y la zozobra del buque. En un momento dado, casi se desmayó, y luego de un rato sintió una mano suave en su cara, tratando de espabilarlo con un té o bebida que le calmara el estómago. Al abrir los ojos finalmente, vio a una mujer enorme, vestida con un paño de colores en la cabeza, y hablándole en una mezcla papiamentosa de inglés, español y creole. Agradeció las atenciones, luego de que el susto y la primera impresión pasaron. Ese fue su primer contacto con una persona de la raza negra. Jamás olvidó esa bondad, ni su propia ignorancia.

Pasados cuatro años en Santo Domingo, su querido tío José le mandó a buscar para una visita a San Juan de Puerto Rico. Llegó al puerto un día de Acción de Gracias en pleno noviembre, fecha muy significativa que se celebró siempre en casa. Comenzó a trabajar en los negocios de calzado de su tío, y decidió quedarse en tierra boricua. En algún momento en 1961, vio caminar por los adoquines de San Juan a una joven rubia y bien vestida. La siguió, indagó dónde trabajaba y quién era su padre. Le envió pastelitos y café por varias semanas, manteniendo la distancia. En su momento, se apareció en la oficina de abogados donde la joven era recepcionista. Se presentó, se identificó como el autor de los pastelitos incógnitos, y luego de un año de noviazgo, decidieron casarse. Don José se casó con Marie Rose Lebron, y así nació mi familia.

A la edad de mis cinco años regresamos con papá a España. Hacía catorce años que él no regresaba a Galicia. Mi hermano y yo fuimos a conocer a nuestro abuelo. El regreso fue en febrero, durante un invierno nuevo y extraño para nosotros. Papá quiso regresar a despedirse de su padre, el vasco Don Antonio que yacía en cama y que ya contaba las horas para marcharse.

Apenas con cinco años, recuerdo las lágrimas de mi padre al llegar a su casona de piedra, donde pasó la mayor parte de su vida, y ver a su padre vestido y levantado esperándonos en la gran puerta de hierro. Don Antonio, mi abuelo, tenía su boina puesta y a pesar del frío, salió a recibir a sus hijos y nietos. En ese momento comprendí algunas cosas... Comprendí por qué papá lloraba a solas a veces, cuando escuchaba música de España. Entendí por qué insistía en mantener viva su lengua materna, y por qué me hablaba en gallego desde chica. Sobre todo, entendí por qué su corazón siempre estaba abierto en dos, como si esas dos mitades tuvieran un abismo de distancia y saudade de por medio...

Mi abuelo murió justo unas semanas después, en los brazos de mi padre. Recuerdo que a los cinco años recién cumplidos en marzo, aprendí a consolar las lágrimas calladas de papá. En momentos así, él era una fiera herida. Nadie podía acercársele... sólo yo. Yo le hablaba o le cantaba en gallego, lo poco que sabía, y podíamos llorar juntos. O sólo guardar silencio. Ya tenía una idea de lo que encierra el alma de un inmigrante...

En su momento, después de haber cumplido con mis estudios universitarios, decidí irme a Miami a probar fortuna como maestra. Un ciclo de vida muy difícil se cerró para mi padre, al ser él quien tuvo que despedir a su hija mayor, su "Loliña" en el aeropuerto. Le tocó a él abrir las puertas de su corazón para dejar a su paloma volar a su destino. Sé muy bien que pensó en su madre, despidiéndolo a él en aquel barco, con un pañuelo blanco en la distancia...

Fue muy duro para mí dejar el nido. Un nido fuerte, sin ser perfecto, pero pleno y seguro. Un nido en el tronco de un árbol fuerte, en el que mi padre reinaba supremo en mi corazón. Y en medio del dolor y la soledad más grandes, llegaban aquellas cartas. Algunas venían a máquina, otras de su puño y letra. Siempre decían afuera "Profesora María Torrón" a pesar de que estuve un año entero trabajando hasta en cafeterías, mientras obtenía mi licencia de maestra bilingüe. Mi padre siempre veía mi destino más allá... y siempre impulsó mis alas.

Eventualmente trabajé diecinueve años en Miami como maestra, me casé y tuve a mi hijo en esa ciudad. Mi familia logró reunir ese nido nuevamente y todos vinieron a Miami, lo que significó una tercera migración para mi padre. Su nieto "le haló las barbas" como él decía... Obtuvo trabajo como guardia de seguridad, y logró retirarse tranquilo y en paz. Una severa diabetes le minó el sistema, lenta pero consistentemente. Pasó ocho años en proceso de diálisis, sufrió una operación del corazón y varios problemas relacionados que le quitaron la salud poco a poco...

Aún así, el cedazo del sufrimiento físico le fortaleció el alma y le dio sabiduría para dejarme ir con su bendición una vez más. Mi hijo aceptó estudiar en Boston, y decidimos venir a esta ciudad en apoyo y solidaridad a sus planes. Renuncié a mi trabajo en Miami, y decidí tomarme un año para efectuar la transición con mi familia. Al partir, mi padre me bendijo y me deseó suerte. Pero noté, como siempre, su cualidad de fiera herida y su silencio en el adiós...

Entendí nuevamente cuán duro es vivir en la dualidad de la inmigración, entre el adiós y la bienvenida, entre la distancia y el abrazo, entre la vida que sigue y los recuerdos...

Papá falleció el 2 de marzo de 2010. La distancia cruel no me permitió llegar a tiempo. Pero me encargué de seguir sus deseos, dictados tres años antes en plena claridad mental. Regresé a Boston con la evidencia de su última humanidad: la cajita de sus cenizas. Y nuevamente nos hicimos compañía. En duros momentos de adaptación, de trabajo fuerte, de frustración, papeleos y choque de culturas, mi padre y sus cartas me acompañaron y me dieron paz y sentido de permanencia.

En julio de 2011 me tocó finalmente ser la autora de su viaje final. Pude regresarlo a España, a su tierra gallega, y me tocó a mí despedirlo en su monte favorito, justo al lado del río Miño, en una tarde fresca y soleada llena del olor de los eucaliptos...

He tenido la bendición de despedir en amor y bondad a quien tantas despedidas vivió en esta tierra. El círculo, finalmente, está completo. Le dejé mis castañuelas en el monte, junto al río y el mar que le dieron la vida. Espero que la música de mi corazón y el eco de mi voz le acompañen y guíen siempre. Así sea...

Letters from my Father

María Dolores Torrón-Gómez

The small bold letters, strong and firm, tilted in pointed triangles to the right... catch my eye. There are four letters that show the hand-writing and unique stroke of the soul of a complicated man, deep-spirited, misunderstood, and extremely important to me: my father.

These letters have endured the passage of time for more than twenty years. They were sent from Puerto Rico to Miami, and they cover a period of one year in the late eighties. For me, they are a lasting legacy and an incomparable treasure. They are becoming more valuable as I feel the weight of my own years, my gray hair and my wrinkles.

Don Jose Torron Alvarez left Spain from the Port of Vigo, in his native Galicia, in 1957. He was seventeen years old and had a face that mixed together the Galician blood of his mother and the one of his Basque father. Thin, wiry, very serious man; with very black hair, whose blue, almost liquid eyes were an absolute window to his soul. They showed the turbulence of a spirit that was rich in wisdom, mature and austere. A strong character, like the quiet, that explodes as a summer storm just to calm down almost immediately... the character that earned him the nickname "Vinagrillo" (little vinegar) among his family and friends.

At the early age of seventeen, this oldest son of his parents was sent on an ocean liner to seek his fortune and his way in America. Fate brought him to the Dominican Republic, where he spent four years working in warehouses and living in a small community of Spanish immigrants.

Déjame que te cuente...

He was always telling how the voyage was terrible, how he couldn't get used to the swaying and uncertainty of the ship. At one point, he almost fainted, and as he was regaining conscience, he felt a gentle hand on his face, trying to wake him with a tea or drink to soothe his stomach. He finally opened his eyes and saw a large woman, dressed in bright colors wearing a kerchief, speaking in a bizarre mixture of English, Spanish and Creole. He thanked her assistance after he got over the initial shock and first impression. That was his first contact ever with a black person. He never forgot her goodness, or the awareness of his own ignorance.

After four years in Santo Domingo, his beloved Uncle Joseph sent for him for a visit to San Juan, Puerto Rico. He arrived on Thanksgiving Day in November, which became a very significant date and was always remembered at our home. He began working in the shoe business of his uncle, and decided to stay in "La Isla del Encanto". Sometime in 1961, he saw a blonde and well dressed young lady walking over the cobblestones of San Juan. He followed her, inquired about her place of work and her father's name. He started sending pastries and coffee for several weeks, keeping his distance. Once he decided it was the right time, he appeared in the law firm where the girl was a receptionist. He introduced and identified himself as the sender of the mysterious pastries, and after a year of dating, they decided to marry. Don Jose married Marie Rose Lebron, and thus, my family was born

I was five years old when my father decided to go back to Spain. He had been away from Galicia for fourteen years. My brother and I went to meet our grandfather. The return trip was in February, during the winter, a new and strange experience to us. Dad wanted to return to say goodbye to his father, the Basque Don Antonio who was lying in bed and already counting the hours to leave this world.

Although I was only five, I remember my father in tears when he arrived at his old, big, stone house, where he spent most of his life, and when he saw his father, dressed up and waiting for us at the big iron door. Don Antonio, my grandfather, had his beret on, and despite the cold weather, he went out to meet his children and grandchildren. At that moment I realized some things... I understood why Dad was crying alone sometimes when listening to music from Spain. I understood why he insisted on keeping alive their native language, and why I spoke in Galician since childhood. Above all, I was able to understand why his heart was always split into two halves as if these two had a bridge of distance and longing in between...

My grandfather died a week later, in my father's arms. So, it was that I had just turned five in March when I learned to comfort Dad's silent tears. At such times, he was like a wounded beast. No one could approach him... just me. I spoke or sang to him in Galician, the little that I knew, and we mourned together. Or we just kept quiet. I learned then what is indented in the soul of an immigrant...

Years later, after completing my university studies, I decided to go to Miami to try a new life as a teacher. A very difficult life cycle for my father to closed; he had to say goodbye to his eldest daughter, his 'Loliña' at the airport. It was his turn to open the doors of his heart to let his dove fly to her destination. I know that he was thinking of his mother, dismissing him in that ship, waving a white handkerchief in the distance...

It was very hard for me to leave the nest. A strong nest, although not perfect, but filled with love and safety. Within my heart, it was a nest in the trunk of a strong tree, in which my father reigned with supremacy. And in the midst of pain and an even great loneliness, those letters kept coming. Some were typed, some from his own hand. They were always addressed to "Professor María Torrón" even though I spent a full year working in coffee shops, while earning my Bilingual Teacher Certificate. My father always saw beyond my fate... and always encouraged me to open my wings.

Eventually, I worked nineteen years in Miami as a teacher, got married and had my son there. My family managed to transfer the nest again and everyone came to Miami. A third migration experience for my father. His grandson "pulled him by the beard" as he used to say. He was hired as a security guard and managed to retire in comfort and peace. Severe diabetes undermined his body, slowly but consistently. He spent eight years in the process of dialysis; he underwent heart surgery, and these health problems took him away little by little...

Nevertheless, the sieve of physical suffering strengthened his soul and gave him the wisdom to let me go with his blessing... again. My son accepted to study in Boston, and we decided to move with him to this city in support and solidarity to his plans. I quit my job in Miami and I decided to take a year of transition with my family. As I was leaving, my father blessed me and wished me luck. But I noticed, as always, that quality of a wounded animal in his silence and in his farewell...

I realized again how hard it is to live in the duality of immigration, between the goodbyes and the welcomes, between distance and hugging, between life that continues and memories that take us back...

Dad died on March 2, 2010. The cruelty of distance did not let me arrive on time. But I made sure to follow his desires, issued three years earlier in full mental clarity. I returned to Boston with the evidence of his last humanity: a box of ashes. And, once again, we accompanied each other in the difficult times of adaptation, hard work, frustration, paperwork, and cultural shock. My father and his letters accompanied me, and gave me peace and a sense of permanence.

In July 2011 I had the honor of being the author of his final journey. I was able to take him back to Spain, to his Galicia land, and offered him my farewell on his favorite mountain, right next to the Rio Miño, in a fresh and sunny afternoon filled with the smell of eucalyptus....

I had the blessing to dismiss in love and goodness to one who had experienced many farewells on this earth. The circle is finally complete. There, in the mountain, next to the river and the sea that gave him life, I left my castanets in the hope that the music of my heart and the echo of my voice will be his company and his guidance. Blessed be…

Como en las películas

Antonio Gragera

Crecí durante la última década de una dictadura, viendo películas americanas, viejas películas americanas. Los revolucionarios años sesenta apenas se sintieron en un pueblo del suroeste de España. El optimismo y la despreocupación que retrataban aquellas películas contrastaba con la sórdida realidad de un país que apenas empezaba a surgir de años de aislamiento y pobreza. En aquel entonces, imaginaba la vida en los Estados Unidos con los vibrantes colores del tecnicolor, mientras que en España la vida no era sino una película en blanco y negro de bajo presupuesto.

A mediados de los años setenta, la reciente adquirida democracia empezó a cambiar el trasfondo en el que los sueños de la niñez dieron paso a los sueños de la adolescencia. Aunque España empezaba a despertar al mundo, yo aún estudiaría, y quizás trabajaría, en los Estados Unidos. Pero aun teniendo tal certeza del fin, no sabía cuáles serían los medios, que burlones se presentaban ante mí como monstruos nocturnos decididos a asfixiarme bajo los cobertores de la cama.

De repente, un día, cuando los monstruos parecían haber devorado los sueños, la suerte quiso que pasara un año en los Estados Unidos, puliendo mis conocimientos de la lengua. Esto fue hace veinte años. Como si se tratara de un pacto inquebrantable con el niño pegado a la pantalla que fui, permanecería desde entonces en los Estados Unidos, un visado tras otro.

El día 28 de agosto del año 2010 me hice ciudadano americano. La ceremonia de nacionalización marcó el final de un trayecto que comenzó, como para muchos otros europeos antes que yo, en la ciudad de Nueva York. El aeropuerto Kennedy, mi Isla de Ellis particular, fue mi puerto de entrada. Supe entonces que el año que tenía por delante sería un punto de inflexión en mi vida, que la historia de mi existencia se dividiría en un antes y un después de mi aventura americana.

Nada deja en la memoria una impresión mayor que el sentido del olfato. Mi vida anterior huele a pan recién salido del horno. Mi vida posterior a bollos de canela, pues éste fue el penetrante aroma que me recibió en el aeropuerto de Nueva York. De Nueva York volé a Boston, y de Boston a Bangor, Maine, mi destino final. Visitaría Nueva York unos meses después, pero ese primer día sólo pude adivinar su silueta en la distancia. Pasé mi primera noche en Boston. A medida que el taxi me acercaba del aeropuerto al corazón de la ciudad, su figura emergía recortada contra el fondo oscuro de la tarde como un decorado en el nuevo guión que tenía por delante.

La América de mis ensoñaciones estaba hecha de agitados centros urbanos y salas de espectáculos. Bangor, Maine, no se parecía en nada a los productos de mi imaginación. En su lugar, descubrí la América cotidiana, ocupada por gente sujeta a las mismas fatigas de la vida cotidiana que la gente del país que había dejado atrás. No tardé mucho en entender que el espíritu pionero de las colonias permanecía vivo en la mente de los habitantes de Maine: austeros, reservados, hospitalarios y genuinos. Aún hoy, Maine permanece tan cercano al corazón como los recuerdos de la niñez, un lugar donde refugiarse del a veces caótico ruido que hace el mundo.

Pero tenía que regresar a España después de un año. Dejé el aeropuerto de Bangor sabiendo que volvería –como si me hubiera inyectado alguna dosis del espíritu pionero de los habitantes de las trece colonias, o quizás fuera del de los colonizadores de las Américas que dejaron, quinientos años antes que yo, el mismo rincón del suroeste de España que me vio nacer. Tenía un mundo de posibilidades delante de mí y no iba a dejármelo pasar de largo.

La distancia que separa el blanco de los abedules de Maine del blanco de las playas de Alabama, mi nuevo destino en los Estados

Unidos, va mucho más allá de las millas que los separan. Llegué a Auburn, Alabama, como un pionero de la nueva era, mi vida en una maleta, y no lo digo metafóricamente. Lo que traje conmigo eran las únicas cosas de mi pasado que conservaba, aparte de las memorias impresas en los recovecos del alma. No se trataba de una ruptura con el pasado, sino de un pacto con el futuro. Un viaje sin retorno.

En un principio Alabama tuvo el efecto de choque que todo país tiene cuando uno lo visita por primera vez. Para empezar, el inglés que creía conocer necesitaba algunos ajustes. Acepté con gusto el reto, decidido como estaba a formar parte del paisaje de los Estados Unidos. A medida que entré a formar parte de este nuevo paisaje, la idiosincrasia de los americanos dejó de parecerme extraña. Una cosa, sin embargo, no dejaba de sorprenderme: cuán fascinante era la mezcolanza que había dado origen al carácter nacional.

Desde entonces he vivido en Massachussetts y en Texas. Con los años se me ha hecho más difícil hablar de los americanos de los Estados Unidos. No estoy seguro de si es que las diferencias entre americanos y españoles se han difuminado en mi entendimiento, o es que formo tanto parte de los primeros que no puedo pretender por más tiempo ser un observador externo.

Quise ser un americano más desde el ocho de septiembre de 1990, cuando la silueta de una ciudad me saludó a lo lejos. Lloré esa misma silueta con el resto del mundo otro septiembre, once años después. He sido testigo de escándalos presidenciales, elecciones tumultuosas unas, históricas otras; del desarrollo de tres guerras, del crecimiento y caída de la economía, y de las alegrías y preocupaciones de la vida cotidiana. No, no es como en aquellas películas en tecnicolor, imposiblemente optimistas, pero no siento menos entusiasmo por el futuro de lo que sentía entonces.

En caso de que se pregunten si echo de menos mi país de origen, sepan que sí. Como cualquier otro ser humano, ¿quién no añora su niñez?

Like in the Movies

Antonio Gragera

I grew up during the last decade of a dictatorship watching American movies, old American movies. The revolutionary sixties barely made it to my hometown in the Southwest of Spain. The optimistic, care free way of life portrayed in those movies stood in stark contrast to the sordid reality of a country that was emerging from years of isolation and impoverishment. In my early years, I pictured life in the United States of America in vibrant Technicolor. In the meantime, life in Spain was nothing but a low budget black and white production. In the mid seventies, the newly acquired democracy started to change the background against which childhood dreams gave way to my adolescent dreams. Even though Spain was just awakening to the world, I would still one day study, and perhaps work in the United States. But as certain as I was about the end, the means appeared elusive, like nocturnal monsters determined to suffocate me under the covers.

Then, one day, when the monsters seemed to have eaten up my dreams, fate wanted that I would spend one year in the United States honing my language skills. This was twenty years ago. As if I had made an unbreakable pact with the child glued to the screen that I once was, I would remain since in the United States, one visa at a time.

I became a citizen of the United States on August 28, 2010. The naturalization ceremony marked the end of a journey that began, like for many Europeans before me, in New York City. JFK Airport, my own Ellis Island, was my port of entry. I knew then that the year ahead of me would be a turning point, that the story of my life would be split between the before and after of my American adventure.

Déjame que te cuente...

Nothing leaves a bigger imprint in our memories than the sense of smell. My life before smells like freshly baked bread. My life after, like cinnamon rolls, for this was the penetrating smell that welcomed me at the airport in New York City. From New York I flew to Boston and from Boston to Bangor, Maine, my final destination. I would visit New York a few months later, but that first day I could only guess its silhouette in the distance. I spent my first night in Boston. As the cab from the airport was approaching downtown, the skyline of the city rose against the darkness of the evening like a prop in the new screenplay for what lay ahead.

The America in my daydreams was made of busy commercial downtowns and lively theater districts. Bangor, Maine was nothing of the sort. Instead I discovered small town America, populated by people subject to the travails of ordinary life in a way no different from the people in the country I left behind. I soon realized that the pioneering spirit of the colonies lingered in the psyche of Mainers. They were frugal, inward, hospitable and genuine. To this day, Maine remains as close to my heart as the memories of my childhood home, a shelter from the occasional chaotic noise of the world.

But I had to return to Spain after one year. I left Bangor Airport knowing that I would come back —as if I had been inoculated with a dose of that pioneering spirit of the early inhabitants of the thirteen colonies, or perhaps of the earlier colonizers of the Americas who left, five hundred years before me, the very Southwest of Spain in which I was born. There was a new world of possibilities to explore and I was not going to let that pass me by.

There is a distance beyond the miles that separate the white birches of Maine from the white sands of the coast of Alabama, the next stop on my journey. I arrived in Auburn, Alabama like a new era pioneer, my life in a suitcase —and I am not speaking metaphorically. What I brought with me were the only things to which I was holding on from the past, along with the memories imprinted in the labyrinths of the soul. It was not a break with the past, but a pact with the future. There was no turning back.

Antonio Gragera

At first, Alabama had the shocking effect that any foreign country has when visited for the first time. For starters, the English language I thought I knew needed some adjustments. I welcomed this new challenge, determined to become a part of the human landscape of the United States. As I immersed in that new landscape, the idiosyncrasy of the Americans ceased to be foreign to me. One thing, however, always struck me as unique: how fascinating this melting pot of national characters was.

I have lived since in Massachusetts and in Texas. With the passing years, it has become increasingly difficult for me to speak about the Americans of the United States. I am not sure if it is that the differences between Americans and Spaniards have blurred in my mind, or it is that I am so much part of the Americans that cannot pretend any longer to be an external observer.

I longed to be an American since September 8, 1990, when the skyline of a city greeted me in the distance. I mourned that same skyline with the rest of the world in another September, eleven years later. I have witnessed presidential scandals, tumultuous elections and historical ones, the development of three wars, the rise and fall of the economy, and the happiness and worries of every day life. No, it is not like in those impossibly optimistic Technicolor movies anymore, but I do not feel any less enthusiastic about the future now than I felt then. Should you wonder if I miss my first country, know that I do. Like any other human being, who does not miss his childhood?

¿Por qué me convertí en una maestra de lengua extranjera,
por qué de español?

Déjame que te cuente...

María Barrera Sheldon

Mi interés primordial al empezar mis estudios universitarios en México era el terminar una carrera en el área de Relaciones Públicas. Al conocer al consejero en la Universidad de las Américas, en Puebla, México, me enteré que había otros campos como las Relaciones Internacionales. Por sorpresas del destino, conocí a una chica peruana cuyo padre era diplomático y quien vivía en México. Él tenía un doctorado en el área de educación. Al escuchar lo interesante que era su campo de trabajo, al igual que la importancia de su función en las distintas comunidades y la necesidad de tener a personas calificadas para perpetuar el conocimiento –todo esto en conjunto, me llamó mucho la atención. En México nombramos "la chiripa" o bien "por chiripada" al conjunto de decisiones que tomamos a veces sin saber el por qué. El no tener el nivel de certeza para controlar estos eventos tiene siempre un lado positivo. En concordancia a esta situación también tenemos un lado negativo. En muchas instancias, estas oportunidades inesperadas simplemente se nos presentan y las tomamos o las dejamos ir. Ciertamente también menciono que hay responsabilidades con estas oportunidades. En mi experiencia personal, después de haber conocido a esta chica peruana y a su familia decidí estudiar la carrera de Ciencias de la Educación.

En mi formación académica, desde la escuela primaria mis estudios han sido bilingües: español e inglés. Debido a los requisitos académicos de lengua extranjera, en la universidad opté por estudiar francés. Tuve la oportunidad de conocer a Monsieur Joliequeur y fue una experiencia insuperable. De repente me sentí con la necesidad de estar inmersa en la cultura y logré un buen nivel de fluidez en el lenguaje. Al terminar mis estudios trabajé en la compañía Volkswagen y tuve la necesidad de aprender a "descifrar" un nuevo lenguaje secreto, el alemán, y así poder participar en proyectos más interesantes. En el Instituto Goethe, las cintas innumerables de varios métodos para adquirir el idioma fueron divertidos y a decir verdad ¡tediosos! Sin embargo, me dieron la oportunidad de aprender una lengua más.

En el verano de 1990 "por chiripa", una amiga mía se mudó a San Francisco, California. Uno de sus hermanos tenía un piso muy lindo y se mudaba a finales del verano, por lo que necesitaba que alguien permaneciera ahí. Esta chica aprovechó la situación y me invitó para ir a visitarla. Tuve la oportunidad de viajar a finales de julio. Gracias a esto visité la Universidad de Berkeley y con la recomendación de dos profesores de la Universidad en México me presenté en el Departamento de Educación y de Estudios de Asia. Decidí de momento empezar una maestría como alternativa para iniciar un nuevo capítulo en mi vida. Obtuve los documentos necesarios y por chiripada (una vez más) de repente ya estaba encarrilada en los estudios superiores. Recibí el título de Maestría en Desarrollo Político y Económico de los países de la Cuenca del Pacífico de Dominican College. En mi disertación mencioné lo importante que era el proceso educativo para el desarrollo de las comunidades, y en general de la humanidad. En una sección en específico mencioné la necesidad de poder comunicarse en otras lenguas.

Por cuestiones del destino que en forma de chiripa se nos presentan de manera inesperable, en enero de 1993 llegué a Tokio, Japón de recién casada. Mi esposo había sido transferido a una interesante compañía en esa capital. Con su alto nivel de fluidez en el lenguaje, él participaba en varios proyectos y era el único extranjero en su oficina. Yo en casa la primera semana celebré el simple hecho de tener un pequeño departamento. Sin embargo, tuve que correr y escapar del mismo y conectarme con otras personas. Una vez más tuve que enfrentarme a la necesidad de comunicarme. Utilicé todo tipo de metodologías y finalmente en algunos meses pude mantener una conversación "ligera" con las personas de mi comunidad. Trabajé en varios lugares, Berlitz, Sony y en una escuela internacional. Mi experiencia en Japón fue fascinante.

Regresamos a los Estados Unidos y después de trabajar en varias ciudades, decidimos ir a Vermont para que mi esposo estudiara una maestría. Ahí logré obtener un puesto de trabajo como maestra de español. En la escuela SIT (School for International Training) mantuve alrededor de 34 nacionalidades en mis grupos de estudiantes. La principal aportación personal a mis clases era mi conocimiento de la cultura indígena, de la riqueza de nuestro patrimonio en los países hispanoamericanos y la inmediata necesidad de aportar algo para esa cultura a través del lenguaje. Mi plan resultó y varios estudiantes quedaron impregnados de la belleza de la lengua y el interés por conocer más de nuestras raíces. Algunos de ellos decidieron participar en proyectos de comercio justo y aún hoy en día recibo una tarjeta postal indicando lo deleitante que han sido sus aventuras.

Finalmente después de continuar algunas aventuras más por Sudamérica, decidimos asentarnos en Santa Fe, Nuevo México. Actualmente tenemos dos hijos que nos mantienen sumamente ocupados. Mi decisión de llegar a ser una maestra de lengua fue al inicio por chiripa. Como lo he mencionado fue una oportunidad el entrar a la universidad, las varias instituciones, etc. Ahora sin embargo, es la necesidad de perpetuar el lenguaje a las futuras generaciones y en gran cantidad es la dicha de tener un trabajo honorable en la comunidad.

Soy profesora de español en una escuela privada donde también asiste mi hija. Mis hijos han aprendido a "descifrar" el lenguaje secreto que mi esposo y yo manteníamos como "arma secreta". Por necesidad o por chiripada, de forma auditiva mis hijos aprendieron a comunicarse. Ahora estamos en el proceso de comunicarnos en forma escrita y leemos algunas novelas cortas para enriquecer el lenguaje. Generalmente tratamos de visitar un país hispano en el

Déjame que te cuente...

verano y de mantener el enlace con la comunidad hispano-parlante en nuestra vida diaria. Por chiripa una vez más me he encontrado con Ana María que me ha pedido que escribiera esta historia.

Why did I become a teacher of foreign languages, why Spanish?

Let me tell you...

María Barrera Sheldon

My primary interest at the beginning of my studies was to complete a degree in Public Relations. It was after meeting with a counselor at the University of the Americas, in Puebla, Mexico that I found out that there were other fields such as International Relations. By some quirk of fate I met a Peruvian girl whose father was a diplomat and who lived in Mexico. He held a doctorate degree in the field of Education. Upon learning how interesting his field of work was, as well as the importance of his function in the distinct communities, –together with the awareness of the real necessity of having qualified persons to perpetuate knowledge– I was struck and my attention got caught. In Mexico we call it "a fluke", "by chance" or better, "serendipity" all the choices we make without knowing the clear reasoning behind them. Not having complete control over these events always has a positive side as well as a downside. In many instances, these unexpected opportunities present themselves to us and we either take them or leave them. Of course, needless to say, there are at all times responsibilities that come along with these prospects. For my part, it was after having met my Peruvian friend as well as her family that I decided to go into the field of Science of Education.

Ever since primary school my formal education has been bilingual: Spanish and English. Due to the university academic requirement of a foreign language, I decided to take French. It was during this time that I had the opportunity to meet Monsieur Joliequeur; an experience like no other. All at once I felt the need to become immersed in the culture and I managed to attain fluidity

Déjame que te cuente...

in the language. After completing my studies, I worked for the company Volkswagen where I had to learn to "decode" the secret language of German so as to be able to participate in more interesting projects. The Goethe Institute had countless tapes with various methods for understanding the language; while fun, they were quite tedious! Regardless, I was given the chance of learning another language.

In the summer of 1990 by "fluke chance", a friend of mine moved to San Francisco, California. One of her brothers had a very nice apartment there but he was moving at the end of the summer, as such, he needed someone to stay at that place for him. My friend took advantage of the situation and invited me to visit her. I had the chance to accept her invitation towards the end of July. During this trip, I got to visit the University of Berkeley and armed with recommendation from the professors at the University of Mexico, I presented myself to the Department of Education and Asian Studies.

It was an on the spot decision, but I started a master's degree as an unconventional beginning to a new chapter in my life. I obtained the necessary documents and by chance, (once again) I was suddenly on the path of higher education. I received my Master's Degree in Economic and Political Development of the Pacific Rim Countries from Dominican College. In my thesis I mentioned the importance the education process holds for the development of communities and humanity in general. In one section I discussed the need to be able to communicate in other languages.

By designs of destiny, which can sometimes be disguised as serendipity, in January 1993 I arrived in Tokyo, Japan as a newlywed. My husband had been transferred to a very interesting company in this capital. With his high level of fluency in the language, he participated in various projects where he was the only foreigner in the office. I spent the first week there celebrating the simple fact that we had an apartment, although it was small. Nevertheless I had to escape to connect myself with other people.

María Barrera Sheldon

Once again, I found myself face to face with the struggle to communicate, consequently I utilized all types of techniques and finally, after a few months, was able to sustain a "light" conversation with the people of my neighborhood. I worked in many places: Berlitz, Sony and even an international school. My experience in Japan was truly fascinating.

We returned to the United States and after working in various cities we decided to go to Vermont so that my husband could obtain his master's degree. There, I managed to obtain a position as a Spanish teacher. In the School for International Training (SIT) my students were from around thirty four different nationalities. My personal contribution to classes was my knowledge of Latin American indigenous cultures, the richness of our heritage, the existing legacy from these countries and the immediate need to convey cultural issues through language. My plan worked. Several students were imbued with the beauty of the language as well as the desire to know more of our roots. Some of them decided to participate in fair trade projects and even now I still receive postcards expressing how delightful their ventures have been.

Finally, after a few more adventures in South America we decided to settle down in Santa Fe, New Mexico. Today we have two children who keep us totally occupied. My decision to become a foreign language teacher was initially by chance. As I mentioned before, it was by serendipity that I got into the university and the various institutions, etc. Regardless, now it is my motive, my need to perpetuate the language to future generations; together with the joy of having such an honorable job in the community. I am a Spanish professor at the private school my daughter attends.

My children have learned to "decode" the secret language my husband and I used as a "secret weapon". By necessity or by luck, my children have learned how to communicate by auditory means alone. Now, we are in the process of communicating in writing. We read short stories to enrich the language. Generally we try to visit a Hispanic country in the summer and we try to keep ties with the Spanish speaking community in our daily lives. It was by serendipity again, that Ana María has asked me to write this story.

El olor de las rosas en medio del caos

José Lobo Fontalvo

Mi nombre es José. Crecí en Colombia entre libros y discusiones sobre pobreza y soluciones sociales por medio de la toma del poder. Nunca me convencí de la validez de esa teoría y en vez de dejarme llevar por esta falacia comencé a estudiar inglés, no tanto por mi interés por ese idioma sino porque el profesor me había reprobado la primera semana del curso.

Durante mi primer mes de clases me enteré que el profe había estudiado en Miami y me habló por primera vez sobre cantantes americanos e ingleses. En ese momento, cantó una canción de Rod Stewart mientras yo pagaba en la oficina principal mi segunda cuota de los estudios. Me llamó la atención la diferencia de ritmo y pensé para mis adentros: "Me gustaría saber más sobre esta cultura aunque es típicamente extraña".

Pasados los años llegué a estudiar en una universidad local de Colombia y entré a mejorar mi inglés y otros idiomas en una academia dirigida por un judío que había terminado viviendo en Colombia después de la Segunda Guerra Mundial. A través de él vi el mundo desde otra perspectiva.

Después de estudiar en Colombia y de soñar con viajar a otro país, trabajé en Inglaterra y vi la belleza de la arquitectura británica y lo intrincado de su historia. En medio del esplendor, aprendí que los latinoamericanos para estudiar en Europa debemos estudiar el doble de los europeos si deseamos ser considerados profesionales que de alguna forma quizás pudiéramos valer la pena.

Sabiendo que en el mundo no todo es color de rosa, se me dio en el Reino Unido por tomar los caminos alternativos a las calles principales y observé las caras de la pobreza: las que nunca vemos en las postales del Palacio de Buckingham y del Big Ben en Londres. En el barrio Whitmore Reans, vi casas sin ventanas y pensé para mis adentros que los pobres nacen estrellados sean de donde sean. El color de estas edificaciones era rojo oscuro y mis ojos no paraban de ver tan triste espectáculo.

Habiendo experimentado lo anterior, llegué a la conclusión que para poder comprender mi identidad, mi nacionalidad, mi personalidad y mi vida, debía viajar a un sitio que me permitiera comprender que en medio de la desigualdad hay siempre esperanza a pesar de los retos a los que nos enfrentemos.

En aquellos días, siguiendo las letras y los significados de los Salmos, soñé siete veces con un poema durante siete días continuos. Soñé en Birmingham y en Wolverhampton con una hoja en color verde con letras blancas en la que podía leer un escrito intitulado:

El Imperio de la Rosa
El olor de una rosa abre el tiempo
evapora los hilos de mis palabras.
Se oye cercano
corre entre personas
roza nuestros pies
el olor de una rosa abre el espacio
toca pupilas
llora sobre labios,
hace caer granizo de pensamientos
e ilusiones.
Sopla el olor de una rosa
ríos llevan sus pétalos
entre piedras y montañas,
polvo, arena, caliche.
el olor de una rosa penetra mi voz
se desliza sin zapatos,
con mantel blanco
tinta y lino
corre del pasado hacia el futuro

se extiende,
penetra,
truena,
vive en las letras
en el alma
y la literatura.

Al terminar de escribir el poema con el que había soñado me preguntaba qué habría querido decirme Dios con tales palabras. ¿Por qué tendría yo que entender el significado del olor de la rosa si sabía cuál era el olor? ¿Cómo debía yo conectar el perfume de esta flor con mi vida y la vida de mi familia? En medio de mis necesidades económicas en Colombia, me sentaba todas las noches a leer la Biblia y oraba pidiendo en silencio bajo un lavaplatos de una cocina ajena poder volver a estudiar.

Un día vi en otro sueño que tocaba una puerta muy grande, pero mi mano era muy pequeña para que alguien me oyera. Toqué incesantemente hasta que la puerta de hojas grandes se abría ante mis enanos ojos. Se me dejó entrar y cayeron sobre mí toneladas de olores a rosas. El olor de las rosas era de rosas de todos los colores, de aquellas cultivadas con amor y paciencia.

Días después, convencí a mi esposa, para que llenáramos los documentos de solicitud de estudios en universidades de Estados Unidos. Todos nuestros compañeros ya tapizados con el color yupi de la clase media latinoamericana nos decían con voz yupezca "*¿Quién los va a escoger si son un par de pobres?*" A pesar de los malos augurios y las burlas ajenas, ambos cruzamos por la puerta de la libertad a pesar de tener manos pequeñas, de ser de color oscuro y de tener un pasado oscuro.

Una vez que arribamos a Estados Unidos, nos enfrentamos a cinco elementos que han sido barreras para algunos, pero que para nosotros sólo han sido retos. El primero fue la adaptación a un nuevo sistema académico y a una nueva forma de pensar. Debíamos escribir ensayos de veinte páginas de una semana para otra en inglés. En un comienzo esto parecía complejo, monumental,

Déjame que te cuente...

infranqueable, pero comunicándonos por teléfono con amigos y cruzando ideas entre mi esposa y yo nos dábamos apoyo el uno al otro. Íbamos a misa los domingos, leíamos para nuestras clases hasta entrada la mañana, y nos repetíamos que caminábamos de la mano de Dios y no solos.

Otro reto al que nos enfrentábamos era la soledad en la que vivíamos. Para contrarrestar esto, nos dimos a la tarea de trabajar ayudando a la comunidad blanca, afroamericana y latina a través de un comedor público de la iglesia. Vimos como muchas personas no tenían que comer en los Estados Unidos y además no les alcanzaba para pagar las cuentas de los servicios públicos. En ese momento nos preguntamos si los medios de comunicación mostraban una idea incompleta del mundo tal como habíamos observado en Europa y en Latinoamérica.

Estudiamos arduamente al igual que los estudiantes de otros países. Nos dimos cuenta del sentimiento nacional contra nosotros cuando, en mi caso, obtuve la nota más alta en un examen internacional en una universidad del norte de los Estados Unidos. Debía dar un discurso por haber obtenido la nota más elevada por encima de los estudiantes asiáticos, de Europa del este, de África, etc. Sin embargo, una de mis profesoras me informó que a mí no se me daría esa oportunidad porque yo era muy tímido y preferían que la persona que hablase fuera un estudiante del medio oriente que trabajase para las Naciones Unidas. Con tristeza miré mis pies y recordé que las rosas dominan el mundo no a la fuerza sino con belleza, con olor fino y silencio penetrante. Fue entonces cuando decidí que debía trabajar más arduamente hasta lograr usar mi voz en público tal como la rosa hace sentir su voz a través de su olor en medio del caos del mundo.

El menosprecio hacia nuestra cultura y las bajas expectativas sobre lo que podíamos y podemos hacer académicamente era y aún es nuestro tercer reto. Para la muestra de otro botón, en un semestre durante mis estudios en otra universidad del norte de América obtuve la puntuación más alta en las evaluaciones que los estudiantes dan a sus profesores. A pesar de esto nunca se me dio una nota de felicitación o de agradecimiento, pero comprendía la frase de una de mis ex-profesoras: "Nunca te quejes, antes bien trabaja con dedicación".

En las cabezas de mi esposa y la mía nunca retumbaron las palabras de dejar de luchar. Muy por el contrario, así como de la flor expele un fuerte olor a bondad, amor y amistad, de igual forma nosotros seguimos trabajando en nuestras escuelas para ayudar a nuestros estudiantes, colaborar con los padres de familia, con los administradores, pero ante todo para ayudar a salir adelante a otras personas sin importar raza, clase, género o nacionalidad.

Para repeler nuestro resentimiento y el de otras personas hemos decidido trabajar con niños de la comunidad pobre de Estados Unidos. Organizamos los cursos de la escuela dominical de la iglesia, llevamos a niñas necesitadas al cine con permiso de sus padres, colaboramos para comprar comida y abrigos para el frío a personas carentes de recursos económicos en el país que nos ayudó a buscar una voz entre las montañas, los riscos, las praderas, las costas del mundo.

En pocas palabras, los hispanos debemos estudiar arduamente y 'echarle ganas' como dicen nuestros hermanos mexicanos. Debemos mostrar nuestra casta y unirnos en todas las causas que nos favorezcan y que nos desfavorezcan. Debemos los hispanos en los Estados Unidos y en Latinoamérica recordar que Dios nos dio un idioma hermoso y una diversidad cultural de la que no debemos sentirnos avergonzados sino que debemos cuidarla y darla a conocer por todos y en cada uno de los rincones del mundo.

The Fragrance of Roses in the Midst of Chaos

José Lobo Fontalvo

My name is José. I grew up among books and discussions about poverty and its solutions and the idea of overcoming them by means of production. No matter what the solution was, I never convinced myself that such tendencies were worthwhile. Rather than following in the footsteps of these dubious theories, I started studying English; not because I was interested in it, but because one of my teachers had given me an "F" during the first week of classes.

Another instructor, who had studied medicine in Miami, talked to me about American and British singers. In one occasion, he sang a song by Rod Stewart in the main office of the school while I was paying the fee for the second installment of my Intensive English Language course. The rhythm and music caught my ear and I said to myself: "I want to know more about this culture even though it seems to have strange people."

After I graduated from high school, I was able to enroll in a government university in Colombia to improve my English language proficiency. I also registered to study English, as well as other languages, at a foreign language academy founded by a Jewish professor who had found refuge in Latin America after the Second World War. This person became for me a window to the world through whom I was able to view other cultures differently.

After completing my bachelor's degree and dreaming about travelling to other countries, I worked in England where I saw the beauty of the English architecture and its historic intricacies. In the midst of such splendor, I learned that if we, Latin Americans, wish to study in Europe, we need to work twice as hard as our

Déjame que te cuente...

European counterparts. We indeed need to be better students if we want to be considered professionals that could somehow, be thought as worthwhile.

With all the above in mind, I was aware that not all in the world can be seen with rose color glasses. One day, while living in the United Kingdom, I happened to walk through the back streets of my neighborhood to go back home. Befuddled by what I saw, I observed faces of poverty never seen in the post cards featuring the Buckingham Palace or the Big Ben in London. Opposite to what I expected, I saw the dark red houses of Whitmore Reans without windows. I thought to myself that the less economically privileged have difficulties and challenges everywhere, no matter what their race, gender or the creed they profess. My eyes indeed could not stop seeing through the cracks of reality.

Having experienced the above, I concluded that to be able to comprehend who I was and where I came from, I needed to travel to a place that would allow me to read into the nuances of inequality; keeping in mind that there is hope no matter what challenges we may face in life.

In those days, reading into the meanings of the Psalms, I dreamed seven times about a poem during seven consecutive days. In Wolverhampton, I dreamed about a green piece of paper with the title:

The Empire of the Rose

Time is opened by the fragrance of a rose
it evaporates the thread of my words.
It can be heard coming close
among people, it runs
it touches our feet.
The smell of a rose makes room
it touches our pupils
it weeps over our lips,
it provokes illusions and
hails thoughts.

José Lobo Fontalvo

> The smell of a rose travels
> its petals are transported by rivers
> among rocks, mountains,
> dust, sand, and pebbles.
> My voice is possessed by the smell of a flower
> softly it creeps without shoes,
> with a white table cloth
> ink and linen.
> It runs from past to future
> it expands itself,
> it penetrates,
> it sounds like thunder,
> among letters it lives
> in our souls
> in literature.

When I finished writing the poem, I thought about what God was telling me with these words. Why would I have to understand the meaning of the poem? How could I connect this message with my life as well as the life of my family?

In the midst of all my needs and problems in Colombia, I sat down every night under a sink to read the Bible. I silently asked God to lead me once more.

I dreamed, in another occasion, that I was knocking on a gigantic door, but my hands were too little to be heard by someone. No sooner had I knocked, than I saw the huge door pane open up in front of my eyes. When I entered, the strong smell of roses invaded my nostrils. It was a multi-colored smell that could only come from roses cultivated with love and patience.

Days later, I convinced my wife to complete several applications forms to study in the United States. All our friends, upholstered with the middle class "yuppie color" and with their "yuppie voices" said: "What university is going to select a poor couple such as you?" Indeed, contrary to the bad omens and the mockery of others, we walked through the door of freedom, even though we had small hands, a dark skin complexion, and an unrecognized past.

Déjame que te cuente...

When we arrived at the United States, we had to go through several tests that have been roadblocks for some, but meant only challenges for us. The first barrier was the academic system with a new way of thinking. We had to write twenty-page essays in one week, and in English. Initially, this writing process was very complex, enormous, impassable, but we communicated over the phone with friends and discussed our papers in detail. We supported each other; we attended church services every Sunday, and we studied for our classes until late at night. Above all, we repeated to ourselves that we walked guided by the hand of God.

Another trial we had to go through was the solitude we had to live in. To offset this difficulty, we worked for a church food pantry helping Caucasian, African American, and Hispanic individuals. We saw how many people in the United States went without food for days and without money to pay for their bills. Both, my wife and I started wondering why the communication media showed an incomplete view of the world; just as we had previously observed in Europe as well as in Latin America.

My wife and I studied as hard as the rest of all students from other countries. However, we were able to experience social hate against Hispanics when, in my case, I obtained the highest English as Second Language score in an international test at an American university. I should have been selected to give the graduation speech among Asian, Eastern European, and African students in that occasion. Yet, a teacher informed me that because I was a shy student, the university had decided to choose a United Nations person, from the Middle East, to talk in that occasion.

Sadly, looking at my feet, I remembered how roses control the world with their beauty and not with violent tactics. They dominate with their fragrance and their penetrating silence. I decided then that I needed to be callous and tougher in order to get my voice and be heard in public. The same way roses use their voice through their aroma and perfume in the midst of chaos.

Social hate and low expectations about what we can do

academically was and still is our third challenge. For instance, while I was working and studying at another university in North America, I was evaluated as the best teacher among all teachers in the Foreign Languages Department. However, I never received a letter or a note of congratulations for my teaching efforts. I then comprehended the words of one of my previous instructors who had said that we should never complain but work diligently.

My wife and I have never thought to give up working with other individuals. We continue thinking that we need to follow the rose example: Only expel a fragrance of goodness, love and friendship. In the same vein, we continue working in our schools, helping our students, cooperating with parents and administrators. Above all we continue serving other people without considering their race, gender, social class, or national origin.

To protect ourselves from our own resentment and that of other people, we have decided to work with the children of underprivileged communities in the United States. We organize Sunday School classes in our church. We take children in need to children's movies with their parents' permission. We buy food and winter coats for people who lack the economic means. We do so in the country that has allowed us to find our voice in its mountains, in its prairies, and in its coasts…

We, Hispanics, in summary, need to study and work hard as our Mexican brothers and sisters usually say. We need to show our talent and toil together for a common wellbeing either in good or bad times. We, Hispanics in the United States and in Latin America need to remember that God gave us a beautiful language and made us culturally diverse; that we all need to feel proud and not ashamed of whom we are. We indeed need to let everyone in the world know the pride we feel within.

De los números a las letras

Marinelly Castillo Zúñiga

Jamás pasó por la mente de los que me conocían que la contadora exitosa que trabajaba en una importante compañía multinacional, que amaba los trajes formales, los viajes y una vida social muy activa, podía llegar a cambiar todo esto por un salón de clases en donde en vez de tener reuniones con altos ejecutivos, tendría charlas con chicos que empezaban sus estudios universitarios. Cualquier persona pensó que algo así era imposible o tal vez un sueño o una pesadilla.

En septiembre del año 1998 vine de vacaciones a los Estados Unidos y visité varias ciudades en Florida e Illinois. Estando por una semana en Boca de Ratón, Florida, me sentí desconectada con el mundo exterior porque no hablaba el inglés. Pasé algunas dificultades y eso me hizo tomar una decisión drástica: necesitaba aprender inglés. Más que una decisión se convirtió en una obsesión.

Al regresar a Venezuela después de mis vacaciones comencé mis clases de inglés con un profesor particular e hice todo lo posible para aprender, pero sentía que para dominarlo bien debía viajar a un país en donde se hablara inglés.

Trabajé por un año más y renuncié a la compañía en donde había trabajado por ocho años y decidí darle un cambio de 180 grados a mi destino. Con un plan de vida, ilusionada por aprender inglés, conocer un nuevo país y hacer una maestría en negocios, en agosto de 1999 vine a los Estados Unidos. Recuerdo la fiesta de despedida que me organizó mi familia. Esto fue lo que me dijo mi padre: "Hija recuerda, si no te gusta o no te sientes bien, regrese, acá estamos nosotros". También me dijo: "Si no entiende algo siempre diga no, así evitará tener problemas". Me reí como loca porque me imaginaba diciendo "no" a todo.

Llegué a Bloomington, Illinois porque en esta ciudad vivía una de mis mejores amigas. Todo iba como lo había planeado, estudié inglés por año y medio y llené la solicitud para iniciar mi maestría en negocios en Illinois State University, pero había algo que me inquietaba y no sabía qué era. Me imaginaba trabajando al terminar mi maestría en negocios y volviendo a mi vida anterior y esa idea no me hacía feliz y no entendía por qué.

Una tarde tuve una conversación con una de mis profesoras en el instituto de inglés. Ella me habló de que el Departamento de Idiomas estaba buscando hispano-hablantes para que enseñaran español en los niveles básicos y mejorar así el nivel del programa de español. Para poder entrar en este programa debía hacer una maestría en español, me ofrecieron una beca que pagaba mis estudios y que además incluía una compensación monetaria, de mi parte debía enseñar español a los estudiantes de primer año.

Al principio me pareció una locura pero a esa altura de mi vida en donde tenía un conflicto de existencia con mi vida cualquier cosa era posible. Tuve una entrevista con la directora del programa y le comenté que le agradecería cualquier comentario, positivo o negativo porque le hice saber que de ahí dependía mi futuro. También trabajé muy cerca con una de mis profesoras, a quien tengo en un lugar muy especial en mi vida por toda la ayuda brindada y quien me alentó a seguir adelante en la maestría de español debido a que vio en mí lo que yo jamás me imaginé ser o tener. Recuerdo sus palabras como si fuera ayer: "Tienes una capacidad nata para entender e interpretar la literatura como pocos de mis estudiantes. Creo que puedes tener mucho éxito en esta profesión". Salí ese día de clase con una sonrisa dibujada en mi alma, en ese momento recobré la confianza en mí nuevamente y no me sentí perdida. Supe que un nuevo capítulo en mi vida estaba por comenzar. Era consciente de que mi vida había tenido un giro no de 180 grados como llegué a imaginar, sino de 360 y estaba convencida de que una etapa muy bonita en mi vida estaba por empezar.

Nadie podía creerlo, el ser una contadora a querer ser una profesora de español era una idea que muchos de los que me conocían todavía no podían entender y toda esa desconfianza que veía en mis seres queridos y amigos no me ponía nerviosa, por el contrario, yo me sentía muy tranquila y ansiosa por un futuro incierto, en un país extraño y en una profesión completamente nueva para mí.

Trabajé por dos años como profesora de español mientras estudié mi maestría. Durante mi nueva profesión como maestra en dónde no sólo me encanta enseñar la lengua sino también ser una especie de embajadora de la cultura hispana reafirmé que no me había equivocado. Hacer esto día a día, semestre a semestre, me dio la confianza necesaria para conocer nuevos alumnos, cada uno con una vida en particular, una historia propia. Mi recompensa: verlos hablando en español, saber que algunos de ellos terminaron la clase sabiendo la diferencia entre la música salsa y el merengue, o que en España uno de los platos favoritos es la paella y que en Venezuela se comen arepas, entre muchas otras diferencias existentes en la maravillosa y rica cultura hispana.

Contar mi historia de migrante en estas páginas puede parecer corta o larga, pero lo que sí es cierto es que entre 1998 al 2004, fecha en que terminé mi maestría, pasaron muchas cosas, unas buenas que me dieron fuerza para continuar adelante y alcanzar mis sueños como por ejemplo el haber conocido al amor de mi vida y mi esposo hoy en día; otras cosas malas que me preocuparon pero que no hicieron posible que pensara en fracasar, como la crisis económica al menguar mis ahorros, y en donde me vi obligada a aceptar trabajos que jamás pensé hacer en Venezuela, como en la cafetería de la universidad, recepcionista en las residencias estudiantiles, coordinadora para un plan vacacional, de obrera en una empaquetadora de chocolates o hasta de niñera. Hoy recuerdo esos días y le doy gracias a Dios por la oportunidad de permitirme ganarme el pan de cada día honradamente y ayudarme a mantenerme en pie y a tener fortaleza para seguir adelante. Estos trabajos más que dinero me dieron alegría, buenos amigos y amiguitos como los niños que tuve el placer de cuidar siendo una niñera, Thomas y Claire. Otras cosas fueron inevitables, como la muerte de mi adorado padre.

Hoy en día soy ciudadana americana y a veces ni yo misma lo creo. Gracias a Dios, que los venezolanos tenemos la dicha de la doble ciudadanía porque hubiese sido una decisión muy difícil el tener que dejar de ser oficialmente venezolana. En este momento me siento muy agradecida a este hermoso país por todas las oportunidades dadas, consciente de que las he aprovechado de la mejor manera. Tengo una familia hermosa y un trabajo que adoro. Viajo a Venezuela por lo menos una vez al año y lo único que lamento de haber emigrado es el haber dejado a mi querida familia y a mis amigos. Haberme negado la oportunidad de ver crecer a mis sobrinos, de ver envejecer a mi madre y hermanos. Pero jamás me arrepentiré del cambio tan brusco que le di a mi vida. No sólo cambié de país, de lengua, de cultura, de amigos, sino también de profesión. No ha sido todo perfecto pero creo que mi experiencia ha sido bastante satisfactoria y gratificante.

El pasar de los números a las letras me ha dado la oportunidad de tener una carrera profesional exitosa, en donde encuentro alegría en los ojos de mis estudiantes, y en donde me siento digna representante del gentilicio hispano. En mi caso, tengo una profesión en donde la satisfacción se deletrea y no se calcula.

From Numbers to Letters

Marinelly Castillo Zúñiga

I don't think it ever crossed the minds of those who knew me as a successful accountant from a multinational corporation who loved the business lifestyle and all it entailed, and had a very active social life could leave it all for a classroom to talk with undergraduate students instead of meeting with business executives. Anyone might have thought it impossible or maybe just a bad dream.

In September 1998, I came to the United States on vacation. I visited a few cities in Florida and in Illinois. During my week long stay in Boca de Raton, Florida, I felt disconnected from the outside world because I did not speak English. I had some difficulties, which led me to make a drastic decision: I needed to study English. It was more than a decision, though, for it became an obsession.

When I went back to Venezuela after my vacation, I started taking English classes with a private tutor and did everything in my power to learn English. However, I remained convinced that the only way to truly learn English would be to move to an English-speaking country.

I worked for another year before resigning from the company where I had worked for eight years. I decided to turn my life around 180 degrees. With my new life plan to learn English, move to a new country and start my Master's Degree in Business Administration, I left for the United States in August of 1999. I remember the farewell party that my family threw for me. My father told me, "Remember that if for any reason you don't like the United States or you do not feel well, come back. We'll be waiting

Déjame que te cuente...

here for you." He also told me, "If you do not understand something, always say 'no' to avoid any problems." I laughed like crazy because I imagined saying "no" to everything.

I went to study at Illinois State University in Bloomington because one of my best friends was living in a little town 20 minutes away. Everything was going as planned: I studied English for a year and a half and I applied to get my Master's Degree in Business Administration at Illinois State University. However, there was something that bothered me, but I didn't know what it was. I imagined my future after finishing my master's studies, going back to work and my old life, but it didn't make me happy. I didn't know why.

One evening I had a conversation with one of my professors at the English Institute. She told me that the Languages Department was looking for a native Spanish speaker to help improve the graduate program by teaching Spanish at the basic levels, thereby improving the Spanish program. In order to get into this program I was required to have a Master's Degree in Spanish, for which they offered me a scholarship that paid for the degree and included monetary compensation. All that I needed to do was teach the beginning Spanish classes.

At first I thought it was a crazy idea, but at that point in my life when my path was not yet decided, anything was possible. I had an interview with the department chair and told her that I would appreciate any positive or negative comments because my future depended on this decision. I also talked with one of my professors and I was very grateful to her for all the help she gave me. She saw qualities in me that I never knew I had. I remember her words as if it were yesterday, "You have a natural ability to understand Spanish literature as very few of my students do. I'm very sure you can succeed on this profession." That day, I left my professor's office with a huge smile on my face. In that moment I had recovered my self-confidence and for the first time in two years I didn't feel lost. I knew a new chapter in my life was about to begin. I realized that my life had not changed 180 degrees, but 360 degrees, with a beautiful new life about to begin.

Nobody could believe the change from being an accountant to a Spanish professor. It was an idea that a lot of people who knew me couldn't understand. The lack of confidence from my close friends and family didn't make me nervous, though; on the contrary, I felt calm and eager for my uncertain future in a foreign country with a new career.

I worked two years as a Spanish teacher while I studied for my Master's Degree in Spanish. As I entered into my new profession, where I not only enjoyed teaching the language but serving as an ambassador of the Hispanic culture, I realized that I had made the right choice. Doing this day after day, semester after semester, I found the confidence I needed to meet new students, each with their own unique life story. My reward was to see them speaking the Spanish language, knowing that each student left the class understanding the difference between Merengue and Salsa, that one of the favorite dishes in Spain is paella, and that in Venezuela they eat arepas, just to highlight a few of the differences in the rich and marvelous Hispanic culture.

In reading my story as an immigrant on these pages, it may appear long or short, but what is true is that between the dates I started my master's in 1998 and finished it in 2004, many things happened. Some were good, giving me strength to continue moving forward to reach my dreams, like meeting the love of my life, who became my husband. Other bad things have also happened to me, but they did not deter me from moving forward. For example, the economic crisis of dwindling savings forced me to work in jobs I would have never imagined doing in Venezuela, such as working in the university cafeteria, as a receptionist in the student dorms, a vacation planner, a laborer for a warehouse that packaged chocolates, and even as a babysitter. Today I recall those moments and thank God for the opportunities He gave me to earn an honest living to provide the daily bread, and for giving me the strength to move forward. These jobs gave me more than just a monetary compensation; they gave me happiness and good friends young and old, such as Thomas and Claire whom I babysat. Other things that happened during that time were inevitable, such as the death of my beloved father.

Today I am a U.S. citizen, but sometimes even *I* don't believe it. I thank God that as a Venezuelan I can have dual citizenship, because otherwise it would have been a hard decision for me to abandon my Venezuelan citizenship, my roots. Right now I feel very grateful to this wonderful country for all the opportunities it has given me and have done my best to take advantage of them. Today I have a beautiful family and job that I adore. I travel to Venezuela at least once a year. The only thing I regret is having left my beloved family and dear friends behind, denying to myself the opportunity of seeing my nieces and nephews grow up, and my mother and siblings grow older. But I will never regret the drastic change in my life. Not only did I change countries, language, culture and friends, but I changed my profession as well. Not all has been perfect but I believe my experience has been very satisfactory and gratifying.

Changing from numbers to letters has given me the opportunity to have an exciting professional career where I find happiness and joy in the eyes of my students; as a Spanish professor I feel that I am a dignified representative of the Hispanic culture. In my particular case, I have a profession where satisfaction is spelled out and not calculated.

No puedo quejarme

Lillian Taylor

¡Hola! Déjame que te cuente amiga, que hace muchos años, más de cuarenta, mi papá me hablaba sobe la tradición de la docencia en la familia norteamericana. Tenía una tía abuela en Michigan cuyo nombre aparecía en un edificio de la Universidad de Michigan en Ann Harbor. A mí se me encrispaba el pelo nomás de oírlo... Pero ¿es que acaso no me conocía mi papá? ¡Yo no quería ni podría ser maestra! ¡Era super tímida! ¡Nunca podría pararme enfrente de una clase! ¿No me conocía mi papá? Pues eso mismo lo recordaba a la edad de cuarenta años al tener que decidir una especialidad en la universidad. ¡Cómo dio vueltas mi vida! ¡Cómo cambié! Después de varios meses de estudios me di cuenta que sí sería capaz de hacer lo que venía tan natural a los profesores... no era algo de otro mundo: yo poseía la capacidad y atributos para emular a los mejores y formar mi propio estilo de enseñanza; aportaría mi experiencia junto con mis conocimientos a los estudiantes. Enseñaría español, puesto que era lo más práctico y lógico para mí que siempre leí muchísimo. Ayudaría a los estudiantes del Valle del Río Grande a que escucharan el idioma de sus padres para tal vez modificarlo o aprenderlo de lleno, así como conocer detalles sobre la cultura de sus padres o abuelos. Y ahora, casi veinte años después de aquella decisión ¡me da gusto! Me da gusto pensar en mi carrera de estudios y mi carrera de enseñanza.

¿Tienes otras cosas que hacer? Bueno... luego me llamas.

Amiga, ¿cómo estás? ¿Quieres que siga contándote? Pues bueno... te cuento que descubrí que era mexicana-americana. Lo descubrí cuando me vine a vivir a los Estados Unidos. Ya sabes, en el D.F. es raro que nos enteremos de apodos como chilanga o grupos étnicos como méxico-americanos. Pero soy de la capital y además, qué ventaja, soy trilingüe ya que estuve casada con un francés y ¡me inspiré en aprender esa lengua tan linda y romántica! En realidad mi historia es diferente a la de muchos profesores de por acá que realmente pasan por tragedias al venirse. Fíjate que mi padre era de Michigan, no Michoacán y residió en la ciudad de México durante cuarenta años antes de jubilarse en Texas. Entonces mis hermanos y yo aprendimos el inglés desde chicos. Con el apoyo materno y paterno, más la educación proporcionada por monjas americanas logramos ser totalmente bilingües y biculturales. Sí, ¡fue una ventaja! Por eso del inglés, cuando me propuso mi padre que estudiara para profesora, ¡yo no podía hacer más que bostezar! Sabía que podría trabajar como secretaria y seguir mi corazón, muy ocupado a los diecinueve años, puesto que estaba enamorada y no podía ver más lejos de los ojitos azules de mi novio francés guapísimo, trabajador, ambicioso, deportista, etc.! No veía el futuro… ¡sólo sus ojos azules!

¿Y que pasó con el francés? ¡Pues te cuento que nuestro matrimonio nos condujo a conocer México! ¡Qué formidable la pasamos! Sí, la compañía hotelera para la que trabajaba nos mandó a muchos hoteles en las costas. Estuvimos en Cancún, comí *papatzules* y *panuchos,* escuchaba con placer el acento precioso de los yucatecos, me bañaba con mi nena en las aguas tibias del Caribe. Mis amigas hoteleras preparaban *queso relleno y chocinita pibil,* escuchando música de marimba y riéndonos de las *bombas* yucatecas. La única radio que se escuchaba era Radio La Habana. ¡Imagínate! Luego vivimos en Puerto Vallarta, ¡qué lindo pueblito! Comí *ceviche* y también *tamales dulces de elote* y *pozole colorado* durante navidades. ¡Qué delicia! ¡Inolvidables! El *helado de plátano fresco* que era especialidad de una rica heladería que gozaba al columpiar a mi peque en una hamaca en el malecón. Mi familia creció porque pronto llegó otro nene, Daniel. Pero mi vida de esposa iba mal.

De pronto, el destino nos dio otra oportunidad. ¡Vida nueva! Gran amor y atenciones y llegamos todos a Manzanillo para vivir en un hermoso condominio en la playa. Allí mis hijos Valerie y Daniel se criaron nadando, practicando deportes, estudiando sus primeros años en una idílica escuelita Montessori sobre la playa. ¡Imagínate los recuerdos que ellos tienen!

Pasaron cinco años lindos, conocimos a otros franceses. ¿Cómo? Pues figúrate que son muy aventureros y se lanzan a donde hay bonitas playas. Trabajan en lo que sea. Pues bueno, me convino porque practicaba un poco mi medio francés que iba aprendiendo; pero mientras, mi esposo conoció a otras personas también. Y la vida idílica de mis hijos tendría que terminar. Me dolía quitarles a su padre, pero ya casi no contábamos con su presencia. Sería un adiós a la costa de Manzanillo, los atardeceres maravillosos, los pirulíes, las tortas ahogadas, el ceviche raspado, la linda playa, las preciosas ballenas que pasaban por la bahía cada invierno, y las grandes amistades que nunca dejarían de serlo…

Un buen día, como augurio del porvenir, el suelo se extremeció en un grandísimo temblor que llegaría hasta la ciudad de México como suele pasar cuando el epicentro se encuentra en el Pacífico. Era el mes de septiembre de 1985. Empaqué mi auto y emprendí hacia la frontera norte, donde ya estaban mis dos hijos de visita con sus abuelos. El temblor sirvió de anuncio y por fin enfrenté mis temores, encontrando la energía para hacer milagros con mi vida. Sin titubeos, pero sin estudio ni carrera, una mujer que pronto sería divorciada, no tenía lugar en la sociedad mexicana. Me dirigía directamente al norte, donde me esperaban mis padres y mi hermana. Iba a rehacerme a mí misma, con las cualidades que yo escogiera, en ese país de oportunidad.

Pues todos esto pasó hace mucho tiempo. Mis padres, mi hermana, mi cuñado y su familia nos recibieron con gran amor y apoyo, sin condiciones. Hasta puse en efecto la famosa tarjeta verde que ya poseía puesto que Gabriel y yo la habíamos solicitado un par de años atrás, antes del éxito de su nuevo restaurante en Manzanillo. Dadas las circunstancias, yo podría aprovechar nuestros ahorros, la tarjeta verde, y me iría para siempre… Y así, con un carro lleno de cajas, ropa, juguetes, regalos y objetos de plata que habíamos recibido como regalo de bodas, los cuadros lindos que mi mamá había pintado y demás, emprendí carretera. ¡Bienvenida la tranquilidad de espíritu que me llegó muy pronto! La oportunidad que tendría yo en los Estados Unidos sería mi meta.

Cuatro años más tarde, el día de mi graduación como maestra de español, sonreía al tener mi diploma en las manos. Podría ganarme los dólares necesarios y tomar decisiones más trascendentales en mi vida. Mi esposo Chet estaba a mi lado, su apoyo era imprescindible para sacar adelante a mis dos lindos hijos, mis padres que nos albergaron, mi hermana y mi cuñado que siempre me habían ayudado, y ¡ahora mi nuevo esposo! McAllen High School me ofrecía trabajo de planta. Después de casi cuatro años de estudios, desveladas en preparación de exámenes, de trabajos y de ensayos de la mano de mi hermana, mi fuente de apoyo constante, con la presión emocionante de encontrar por fin la carrera que podía ejercer con gusto. ¡Qué regalo es la educación! Mis profesores de español estaban felices por mí y me veían como excelente prospecto de profesora de lenguas con algo más que los profesores locales. Mis profesoras de francés querían que me especializara en francés, y al fin decidí que me convendría certificarme también en esa lengua con la finalidad de poder solicitar trabajo para enseñar los dos idiomas.

Ahora todo parece un sueño… algo sin mucho chiste, puesto que he recapacitado tantísimo sobre mi vida. Mi esposo y yo tenemos diecinueve años de casados, mi actual estatus de abuela, con una hermosa casa al lado de un río, sigo impartiendo clases en la universidad, ya que Chet me animó a seguir superando mi nivel de educación, abriéndome las puertas para una mejor vida. Pero para qué te cuento… mi vida ha vuelto empezar… ¡ahora son mi hermana y mi cuñado queridos que vendrán hacia mí para estar cerca de nuestros nietos! Y el río sigue su cauce. ¡Ah! Mis hijos estudiaron y se casaron con norteamericanos y viven cerca de nosotros. ¿Verdad que tuve suerte?

Les digo a mis queridas nietas, las ternuras de mi vida: "Quiero que sepan que su abuela dejó México con mucha tristeza en el corazón. Aquí en los Estados Unidos no saben lo que es la vida en México, tan llena de alegrías, el cariño sincero y constante de los amigos, el colorido tan padre, la comida tan rica, la música, ¡ni se diga! Las amistades que hicimos son de por vida… Lo tuve que dejar porque en los Estados Unidos encontraría la oportunidad que en México no había, los estudios universitarios que son indispensables para salir adelante en todos los aspectos. Siempre encontré aceptación entre los profesores, los jefes y los estudiantes, y quiero que sepan que ustedes podrán hacer lo mismo en cualquier área de estudio, y mejor que todo, ¡durante su juventud!"

Bueno, pues como te comenté, ¡no puedo quejarme! Podría seguir contándote pero ya tengo que colgar. ¡Hablamos pronto!

I Can't Complain

Lillian Taylor

Hello! Let me tell you friend, that years ago, over forty anyways, my dad was reminding me of the teaching tradition in the American side of the family. There was great-aunt Estelle with a building named after her at the University of Michigan, Ann Arbor. Teaching was in our genes, he explained. I felt my hair curl... didn't he know me? I could never become a teacher! I could never stand in front of class and talk! Didn't he know me? Well, this occasion came to my mind at the tender age of forty, when I decided on a mayor area of studies in college. My life had done a cartwheel! How I had changed! After several months at the university I realized that I was very capable of achieving a teaching degree. Watching my own teachers, as an adult, showed me how attainable the goal was. A personal teaching style would be developed with practice, emulating of the effective qualities of my favorite teachers! Languages were my forte... Spanish language would be natural for me to teach, as I had always loved to read and I knew that my background of growing up in Mexico would impact positively the majority of students in the Rio Grande Valley who would identify a bit because of their heritage. That fortunate decision happened about twenty years ago, and now I can look back with satisfaction upon my studies and my teaching career that is reaching its conclusion.

–You gotta go? OK... call back when you can!

Hi, friend, what's new? Want me to keep telling you? Well, okay... I should clarify that I discovered I was Mexican-American. I learned this when I came to live in the United States. You know,

Déjame que te cuente...

in Mexico City we rarely hear the word "chilangos" or groups like Mexican-American. But, I'm from Mexico City, as I said, and also trilingual, big advantage. I learned and developed my knowledge of the French language through my French husband. I am actually quite different from other teachers around here. My own father was from Michigan, not Michoacan! He lived in Mexico City for forty years before deciding to retire in Texas. English and Spanish languages and cultures were taught to us as children. My mother, fully educated in English, taught us to love both cultures, and American nuns perfected our reading and writing. This is why, when my dad spoke to me about becoming a teacher, I cringed at the thought... I knew I could get a job as a bilingual secretary and make money that way, and follow my heart which was very much busy, in love with my handsome, hardworking, exotic French boyfriend! I couldn't see the future... only his blue eyes!

And what happened to the French guy? Well, Let me tell you that thanks to his job in the hotel industry, we got to journey and live throughout the coasts in Mexican resorts! It was great! We lived in Cancun when it was first starting up! I ate *papatzules y panuchos*, listened with pleasure to the lovely speaking accent of the Yucatecan people, I bathed in the beautiful Caribbean waters with my baby girl. My local hotel friends prepared *queso relleno y cochinita pibil*, while we listened to regional xylophone music and *bomba* jokes. You know? We could only listen to one radio station...Radio La Habana from Cuba! Then on to Puerto Vallarta, where we savored different *ceviches, sweet corn tamales*, and special *red pozole* around Christmas. I craved fresh *banana ice-cream* at the local ice-cream parlor. It was delicious! And I ate it while swinging happily in a hammock on the boardwalk with my little girl. My family was growing... another baby was on its way. Life seemed pleasant enough as a mother, but my life as a wife was getting worse.

Fate gave our marriage another chance and we moved to the resort of Manzanillo to live in a beautiful condo on a beach. There, my two children, Valerie and Daniel, grew up swimming and going to school in an idyllic setting on a beach for a Montessori institution. We met many French young people! You know, the French are very adventurous. They love to travel and live on beaches. Some work in restaurants and odd jobs, and just beach comb! I was able to practice my fledgling French, at least. But my husband was also busy meeting people… too busy now to stay nearby! My marriage's end became imminent. Good bye to the Mexican coast, the local treats, the *tortas ahogadas*, scraped *ceviche* on toasted tortillas, our beautiful beach, the passing whales every winter, and our unforgettable friends.

Well, guess what? One terrible morning around 7:30 a.m. we arose to a strong shaking movement. We were on a fourth floor! Everything was moving around! I almost fell but rushed and grabbed the children. This earthquake would travel underground to Mexico City and caused the worst devastation ever! The September 1985 earthquake had its epicenter in the Pacific and always traveled inward to the city. That strong jolt, helped me decide to face my fears like the sign it was, I decided to turn this new energy into a miracle for my children's and my future. Without or even with an education, divorced women had no place in Mexican society. But without further hesitation, I drove up to McAllen, Texas, where my support group lived and where my children were spending vacations, and restarted our lives there. The land of opportunity was my destination and I would go find it! I would re-invent myself, pick the qualities that I wanted and face my responsibilities there!

Four years later, there I stood, smiling, on my graduation day as a Spanish teacher. Now I would work, make money and decisions that were important in my life. I had my loving family by my side, Chet, my husband, would be a fantastic parent! My own parents, who took us into their home with no conditions and my sister and brother-in-law who stood by me and helped at every moment. I was so fortunate to have them! I also had an offer from McAllen High School for a position in French and Spanish. After four years of studies, late nights preparing for exams and writing papers,

Déjame que te cuente...

always with my sister at my side, my constant supporter, to reach my goal of fulfillment in a profession I would love. Education is such as beautiful gift! My Spanish professors were happy for me and viewed me as an excellent prospect as a language teacher with a bit more than local teachers. My French professors who wanted me to specialize in French, convinced me of getting certified so my applications would have an edge! Two foreign languages were better than one.

All this seems like a dream now... something not so great, as I've looked back so often to introspect over my life. My husband and I have been married nineteen years now. I now have the status of grand-mother with a lovely house by a river, who continues to teach a university class, since Chet encouraged me to continue to graduate school, opening doors to a higher level of life.

But what can I say... my life started over again... now my sister and brother-in-law will be moving closer to be near me and our children! And the river keeps flowing...

My children? Oh! They went to college, got employment and both married Americans. They live nearby... Aren't I lucky?

I tell my dear grand-daughters, the darlings of my life: "Please know that your 'aba' left Mexico with sadness in her heart. Here in the United States people just don't know the quality of life one has in Mexico, among friends, with the color and delicious food, the music everywhere, the coconuts falling off the palm trees! I had to leave it to find the opportunity that couldn't be found in Mexico. A college degree is indispensable in life and I was fortunate to always be accepted by all my employers and my students. Studies must be obtained while you are in your youth, dear, Nathalie and Abby, just like your mommy did!"

Well, like I was saying, I can't complain! I could go on but should hang up now! Talk soon!

En el país de las limousines

Lourdes Sabé Colom

Quiero dedicarle esta breve narración a mi papá, a quien le fascinaban mis relatos de trotamundo.

Déjame que te cuente por qué, cuándo y cómo llegué a un país que, desde mi remoto barrio de Gracia barcelonés parecía un vibrante, atractivo, seductor lugar. Mi naturaleza aventurera y el afán de independencia y superación me llevaron hasta Connecticut, un lugar para mí totalmente desconocido excepto a través de alguna referencia en el cine. Sin duda, un espacio ajeno a mí, pero cuyos pintorescos paisajes nevados lo pintaban a la vez que frío, acogedor y algo intrigante.

Era el mes de noviembre de 1991 cuando mis padres y José María, mi hermano mayor, me acompañaron a una estación de autobuses en la ciudad condal. Allí tomaría el bus a Madrid y de la capital el avión a Nueva York. Un largo, pero emocionante trayecto. La agencia de Au Pairs no pagaba el vuelo desde Barcelona, de modo que decidí como buena catalana llegar hasta Madrid del modo más económico posible: en autobús. Recuerdo como si fuera ayer la imagen de mis padres y mi hermano en el iluminado andén de la estación, saludándome mientras esperaban la salida del autobús, ya lleno de pasajeros. Haciendo de tripas corazón me sonreían con rostros desencajados. Sabía que estaban apenados, desconcertados. Incrédulos a lo que veían, no podían detener lo inevitable, la partida de la hija menor al otro lado del charco atlántico. Era un viaje nocturno y las estrellas, medio risueñas, observaban aquel adiós, aquel hasta pronto y aquel ¡buen viaje! con complicidad.

Déjame que te cuente...

Mi ciudad natal se me había encogido con los años. ¿Cómo había ocurrido tal cosa? La escuela donde había estudiado y hasta hacía poco tiempo impartía clase se había convertido en una siniestra trampa que me iba tímidamente enredando en sus redes. Veía a las antiguas maestras de mi infancia aún allí. Se habían convertido en mis colegas del profesorado en la escuela. ¿Iba yo a seguir su misma suerte y permanecer allí por los siglos de los siglos? "De ningún modo" –me decía a mí misma–. "¡Qué afortunada! ¡Trabajas en el barrio, en la escuela de toda la vida, qué maravilla, con lo majas que son las monjas!" –me decían algunos–. Ay, cómo explicarles que esa breve ruta que había hecho de casa a la escuela y de la escuela a casa durante veinte años, no me interesaba recorrerla veinte años más. Cómo explicar que a mi vida le habían crecido unas grandes y aparatosas alas que no podía ni quería cortar o ignorar. Estas alas iban a acompañarme en ese vuelo a Nueva York, en ese viaje que iba a cambiar por completo mi vida. Mi alma se abría a ese sino que me esperaba ansioso al otro lado del océano, fuese cual fuese.

Sentir que me alejaba de las aulas, de esa majestuosa, pero a la vez rutinaria imagen de la Sagrada Familia que podía entrever a través de los diáfanos ventanales de la clase, era reconfortante. A medida que el avión avanzaba en su destino sentía acelerarse en mí el entusiasmo ingenuo de la edad juvenil. El avión iba medio vacío. Era temporada baja, así que había asientos libres por doquier y varios pasajeros a mi alrededor con ganas de conversar. Mi espíritu, inquieto por esa aventura algo quijotesca que acababa de empezar, se abría a conversaciones triviales, sencillas, amenas. Cuando las luces de la megaciudad empezaban a divisarse por la ventanilla, podía sentir el fuerte palpitar. "Aquí estoy Nueva York. Estados Unidos, vedme, ¡Lourdes está apunto de aterrizar! Preparaos porque voy por vosotros, no os podréis librar de mí fácilmente". Iba a comerme el mundo a mis pies o, por lo menos, a pegarle un mordisco tan grande como las circunstancias me permitieran.

El vuelo llegaba al JFK de Nueva York a tiempo. Todo había

salido como estaba previsto, aún mejor, había hecho amistades en el avión. Curiosamente, unas amables señoras me habían dado sus señas, "en caso de que la familia de hospedaje en Connecticut no te trate como es debido", me dijeron. Según ellas, eso ocurría a menudo, y había que ir con cuidado con el riesgo de explotación o abuso laboral. Bueno, por si las moscas, puse a buen recaudo su número de teléfono y agradecí sus advertencias y trato maternal.

Ya fuera del avión y recogidas las maletas seguía al pie de la letra las instrucciones que mi madre de hospedaje me había mandado por fax. Mi inglés macarrónico y mi desconocimiento del mundo americano hacían que me sintiera como pez fuera del agua. Sin embargo, no por ello estaba incómoda, todo lo contrario, me sentía fascinada por un mundo tan distinto al mío. Las instrucciones indicaban: After picking up your luggage and going through Customs, continue to Ground Transportation. At the Ground Transportation desk ask for the Connecticut Limousine. The Connecticut Limousine will take you to Waterbury. No conocía yo a nadie que hubiera viajado en limousine. "¡Imagínate! ¡En limousine! Acaba uno de aterrizar en este país de vacas gordas donde se encuentra uno oro bajo las piedras, y ¡zas! por si fuera poco, hay un servicio de limousines esperándote en la puerta del aeropuerto para llevarte a tu destino"–pensaba–.

Llevaba un buen rato esperando la llegada de la limousine cuando de pronto alguien pronunció la versión americana de mi nombre: "Maria Seib". ¿Quién sería esa tal Maria Seib? Yo no, desde luego. Parece que hay muchos hispanos aquí porque están llamando a una María. Y lo escuché de nuevo. Y de golpe me di cuenta. Ese nombre me sonaba. "Díos mío, ¿así iban a llamarme en los Estados Unidos? ¿Y mi apellido materno? Cuando se lo cuente a mi familia se mueren de la risa y de pena a la vez", me decía. Pero eso de que me llamaran María en lugar de Lourdes no me hacía mucha gracia. Después de oír el nombre una segunda vez reaccioné y el conductor del vehículo me acercó a un gran autobús con enormes letras coloreadas a ambos lados. Decía: Connecticut Limousine. Pero... ¿iba yo a viajar en autobús o en limousine?

Déjame que te cuente...

Esta fue la primera decepción en un país que recibía a esa tal Maria Seib con los brazos abiertos, siempre que ésta se adaptara bien a las circunstancias y a ese sino al que atrevida e intrépidamente iba a lanzarme sin reservas. En cualquier caso, si las cosas no me iban bien con mi familia de hospedaje –me decía para mis adentros– siempre podía llamar a las señoras del avión. O si al cabo de mi año de Au Pair sentía que este país de los autobuses limousine me seguía decepcionando, siempre podía regresar a Barcelona, al barrio de Gracia, a la escuela que me vio crecer y florecer como maestra, a las monjitas que seguían tratándome como si fuera aquella niñita con trenzas que salía en las funciones y tocaba la guitarra en misa. Siempre podía volver a casa, donde sin duda mis padres serían los padres más felices del mundo al ver regresar a una de sus ovejas medio descarriadas. Pasara lo que pasara había un plan de ataque o, mejor dicho, de defensa. Pero sin duda, ese regreso involuntario sería un trago amargo.

El mes de noviembre de 2011 cumplí veinte años en el estado de Connecticut. No pasa un día que celebre la entereza de subirme a ese avión que me permitió extender las alas al destino. El azar me ha tratado bien a nivel, doy gracias a Dios. El apoyo familiar a lo largo de los años ha sido decisivo, y ahora mi columna vertebral es mi marido, Elliott. A mi sobrina, que es la única nieta de mis padres, me gustaría que aprendiera con esta historia que los sueños son realizables cuando se desea algo con pasión y uno se entrega de lleno a la realización de este sueño. No hay que temer. "¡Laura, abre tus alas y déjate llevar!"

In the Land of Limousines

Lourdes Sabé-Colom

I would like to dedicate this brief story to my dad, who loved my globetrotter's tales.

Let me tell you the why, the when, and the how I got into a country that, from my distant neighborhood of Gracia seemed to be a vibrant, charming and fascinating place. My adventurous, independent nature, together with my drive to improve, brought me to Connecticut, a place completely unknown to me, except for what I had seen in movie scenes. A place of snowy and picturesque views that give the impression of both: a cold place, but also a welcoming... and somewhat intriguing one.

It was November of 1991 when my parents and my older brother Jose Maria accompanied me to a bus station in the city of Barcelona. I was going to take the bus to Madrid, and from there, the plane to New York City. It was going to be a long, but exciting trip. The Au Pair Agency would not cover the trip to New York from Barcelona, so as a good Catalanian woman I decided to get to Madrid by the less expensive way possible: by bus. I recall it like as if it was yesterday: my parents and my brother in the bright gate at the bus station. They were waving at me, while they were waiting for the bus, already filled with passengers, to leave the station.

Plucking up their courage, and with twisted faces, they were smiling at me while their hearts were breaking. I knew they were deeply sad, confused. Skeptical of what they were seeing; they couldn't believe their eyes, the departure of their youngest daughter to the other side of the ocean. It was a night ride. Twinkling stars were watching that farewell in complicity.

Déjame que te cuente...

Through the years, it seemed to me that my city of birth had shrunk. How did that happen? My former school where I studied as a child and where I was teaching had become a sinister trap that was little by little building a web over me. I could see some of my old school teachers still there. They were now my colleagues. Was I to undergo their same fate? Was I going to remain in that same school through centuries to come? "No way" –I would say to myself, yet, some would say to me: "How lucky you are! You work in your neighborhood, in the school you know very well. How wonderful! The nuns of the school are so nice! But, how could I explain to them that this short walk from home to school and vice versa, that I had done for twenty years, was not interesting enough to continue walking it for twenty more years. How to explain that I had sprang two spectacular wings that I neither wanted to get rid of nor to ignore? These wings would carry me in that flight to New York, the trip that would forever change my life. My soul was opening up to the awaiting destiny on the other side of the Atlantic ocean, whatever that destiny may be.

The feeling that I was moving away from the school classrooms, away from that majestic, familiar image of the Cathedral of the Holy Family (Sagrada Familia) –which I was able to glimpse through the diaphanous windows of the classroom, was very comforting to me. As the plain was approaching its destination, I could feel the naive enthusiasm of a young person rising inside me. The plain was half empty. It was off- season and therefore empty seats were available. Many passengers around me were happy to converse and chat. My restless spirit was anxious due to the, somewhat quixotic adventure, I was about to start. It was also open to trivial and simple conversation. When the lights of the giant city could be perceived at a distance, I could feel the accelerating beats of my heart. "I am in New York City! USA, look at me! Lourdes is about to land! Prepare yourself well, because I am coming, you won't get rid of me easily." I had great plans. I wanted a piece of the pie, as big as the circumstances would let me have it.

The flight to JFK arrived on time. Everything was going

smoothly. Actually, was going even better than I expected, I even made friends on the plane. Interestingly enough, few nice ladies had provided me with their personal information "in case your host family in Connecticut doesn't treat you right" –they said. According to them, this type of situation wasn't uncommon and I should be ever watchful regarding labor conditions. In any event and just in case, I gladly took their phone number and thanked them for their advice and maternal pleasant treatment toward me.

After I got out of the plane and picked up the luggage, I proceeded to follow the instructions I received word for word. The instructions had been provided and faxed by my host mother. My limited knowledge of the English language and my ignorance of the American culture made me feel like a fish out of water. However, I was not uncomfortable at all; on the contrary, I was totally fascinated by a world that was very different than mine. The instructions said: After picking up your luggage and going through Customs, continue to Ground Transportation. At the Ground Transportation desk ask for the Connecticut Limousine. The Connecticut Limousine will take you to Waterbury. Oh boy, I had never ridden in a limousine. Imagine that! In a limo! I just landed in this prosperous country, where one can perhaps find gold under the stones, and… here we go! On top of everything else, here is a limousine service at my disposal. It is at the front door of the airport's terminal and will take you to your destination, how incredible" –I said to myself.

I waited for a while the arrival of the limousine, when suddenly someone articulated the American version of my name: "Maria Seib". Who was that Maria Seib? Not me, that was for sure. It is evident that the presence of Hispanics is large here in New York, since a Maria is being called. And I heard it again. And all of a sudden it hit me. The name sounded familiar to me. "My Goodness, was that my new name in the US? What about my mother's maiden name? My family won't believe this when I tell them. They'll find this hilarious and sad at the same time, I bet"–I said to myself. However, being called Maria instead of Lourdes was not

Déjame que te cuente...

funny at all. After the second time the name was called I reacted and the driver took me to a large bus with awfully huge colorful letter on both sides of the bus. It read Connecticut Limousine. Was it possible? Was I going to travel by bus or on a limo? Yes, this was the first disappointment in a country that was receiving Maria Seib with open arms, as long as she would adapt well and would embrace boldly and without reservations the circumstances of her new fate. In any event, if things wouldn't work as I originally thought with my host family −I would say repeatedly to myself: "I could always call my new lady friends from the plane." Another option after my Au Pair year was to return to Barcelona, to the neighborhood of Gracia, to return to the school that witnessed my childhood and saw me flourish as a teacher, to get back to the school of the pleasant nuns so that they could continue to treat me as the little girl with braids I once was; the one that participated in school performances and, when older, played guitar at Sunday Mass. I could do that, provided the country of limousine buses was to continue disappointing me. I if were to return, my parents would be the happiest parents on earth; no doubt. They would be happy to see the return of their somewhat lost sheep. Regardless of what happened, there was a plan of attack, or perhaps a plan of defense. However things turn out to be, a return would certainly be a bitter cup to drink.

In November of 2011, I celebrated my twentieth year in Connecticut. Not a day goes by that I am not glad I had the courage to board the plane that allowed me to extend the wings of destiny. I have been fortunate and I thank God for that. My family's support throughout the years has been crucial. Now, my stalwart is my husband Elliott. To my only niece, the only grandchild of my parents, I would like to teach her with this story: "Remember, all is possible when you have a dream and work tirelessly to reach for that dream. Do not be afraid. Laura, open your wings and let the wind of your destiny sweep you up!"

Portraits of Courage

María Hardy-Webb

When I was asked to think of women who had inspired me, I immediately thought about my grandmother and my mother. It took me some time however, to figure out how they had inspired me, since they were women that I considered "invisible".

My grandmother was a Lebanese woman who arrived in Cuba thinking that she and her husband would go back to Lebanon after a visit with relatives. As it happened, some events that I heard as a child, but do not remember, prevented my grandparents from returning to Lebanon, and they stayed in Cuba. My grandfather was working for a relative and my grandmother stayed at home taking care of her six children. She was expecting her seventh child when her husband died. My father, the oldest, was seventeen when his father died.

It was my father's idea to drop out of high school and work to support the family, and he did. All of them had to work to support the family. My father worked for a man who had a manufacturing business and the younger ones did jobs like deliver bread from a nearby bakery so that they could take bread home. There were five boys and two girls, one with a major handicap. They were also very poor.

You know what the men grew up to be? They were all prominent business people in the town were we lived. As they were growing up, the older ones would help the younger ones until they got established. Finally they all pooled resources to give the youngest one a first class education. They sent him to Spain to study Medicine and today he is a well-known surgeon in Santiago de Cuba. He is also a poet.

Déjame que te cuente...

How was my life in Cuba? I had a fairy tale childhood. As a child I went to school, where there was a physical education requirement but no sports. That was a good thing since I have no talent for sports, nor desire for competition. I did homework and played a lot. As I grew older, my grandmother and mother involved the children in all their activities. For example, we learned to sew, to cook, and to do a variety of practical tasks. These activities were a part of what they did routinely. I remember walking with my mother every day to take food to a woman who was ill (don't remember the illness) and had several children. This lasted for months or maybe years. There was a degree of involvement in life that expanded through the town and beyond. There were people who came to my house to eat because they were hungry. There was someone getting served food every day at my house.

When these women had to celebrate, they went all out. During *carnaval* time the streets closed, the neighbors decorated the street, hired a band, built a huge concession stand and dressed in the theme that was chosen by the women. We are talking two weeks of celebrations. My mother was in charge several times of organizing the *carnaval* activities, finding judges, advising the residents of the different neighborhoods. She was appointed by the mayor. Smart man. When there was an illness or a death, everyone rallied around the persons suffering, and supported them for as long as it was necessary.

My mother was born to a Spanish-Cuban family that was well established. She could not even have a wedding, however, because there was a death in the family, so the priest of their church married them, they got photographed, and that was it. That marriage lasted sixty years, until my father died. No one shed a tear because there was no wedding. In fact, her father bought their first home and they started their new life thanks to the savings. Years later my father did the same thing for his daughters. I had a very small wedding, my choice, and received a house as a gift from my father. It is the same house where I live today.

María Hardy-Webb

I think my mother learned from her mother-in-law, my grandmother, to enjoy life, to face adversity with grace, to keep perspective and to choose her battles.

It would not be fair to say that the women that I am talking about did all this on their own. My father was the back up muscle and the one who encouraged them. He supported all the women in his life by giving them freedom and lots of love. He used to say that he was the happiest man alive.

Many years after they got married and had two young daughters, my parents had to leave Cuba because of political reasons. In a nutshell, the government was overthrown by a Communist Revolution. They lost their business and most of their savings. My mother decided that we would leave Cuba and my father immediately contacted some business relations that he had in Spain and in the United States. He was able to send money to different people who would deposit it until he would have the means to leave. We were not allowed to leave Cuba together so mother decided that my sister and I would leave first and then they would join us. My father opposed this plan and proposed that we wait and leave together. My mother did not relent and they sent us to a refugee camp that took care of Cuban refugee children until foster families could be found for them. There was so much sorrow in my family; it was difficult to see my parents so upset.

As I look back, I cannot tell you how we survived. We were sent to Louisville, Kentucky where Catholic Charities received children until foster families could be found. My sister was twelve years old and I was seventeen. I missed my family and friends and did not know English. We could not bring anything from Cuba, not even photographs.

As the days and months passed, we were lucky to have had many good people be kind to us and opportunities came our way. Without noticing it, we began to apply the principles that the women in our lives had given us by their example: work hard, be optimistic, be grateful, learn all you can, help others, be resourceful.

Déjame que te cuente...

We did not have a plan, we had the legacy of women who knew how to love, to be brave, to take care of their families and their communities, and pretty soon we were doing the same things that they did without even thinking. Turning adversity into opportunity was a part of our DNA. Years later after I was married and had two daughters everything was great, and then I had a son born with mental retardation. My first thought was that I had a great deal to learn. I had to find opportunities for my son to develop and to learn as much as he could. I became an advocate who worked as a volunteer to be a first contact for other parents who had children born like my own. I would say to them: "Look at my family, we have a normal life, we are happy people", and they would say "Wow, you are right, this child will teach me everything that I need to know and I will become a teacher to others."

I have not been back to Cuba, but Cuba came with me via my grandmother and mother, the women who, with many others, nurtured the children, upheld the traditions of their own families, and established connections across the continents. They created the "inner history" of their people. As the Spanish philosopher Miguel de Unamuno called it, the *intrahistoria*, the history of traditions that serve as a permanent background to the visible and ever changing History.

EE.UU, mi nuevo hogar

Jorge Alfonso Lizárraga Rendón

Comenzaré con el comienzo (valga la redundancia). Nací en la Ciudad de México el 7 de enero de 1964. Fui el séptimo hijo de una familia de ocho: seis varones y dos mujeres. Cuando nací, nos fuimos a vivir a una colonia nueva en el Estado de México, Ciudad Satélite. Fuimos una de las familias pioneras en lo que sería después el área más importante y habitable del norte del área metropolitana del Distrito Federal. Esa colonia, como muchas en todo el país, estaba mezclada entre ricos, la clase media y media baja. Nosotros pertenecíamos a la clase media. Mis padres venían de familias muy bien establecidas económicamente; mi abuelo paterno se dedicaba a los negocios y hasta la fecha existe un edificio de su propiedad cerca del zócalo del centro del D.F. donde viven dos de mis hermanos, una prima y otros inquilinos. Mi abuelo materno fue en su momento jefe de la policía en Morelia, Michoacán de donde es oriunda mi madre. Después, en la Ciudad de México, tuvo un puesto de importancia en la Lotería Nacional Mexicana. Como mi padre no era ambicioso y éramos muchos en mi familia, no había excesos y vivíamos casi, casi "al día". Mi madre siempre fue muy "luchona" y nos consiguió becas a mis hermanos y a mí para estudiar en escuelas privadas ya que ofrecen un nivel académico mucho mayor que las públicas en México.

La memoria más grata que tengo de mi niñez es cuando viajábamos en vacaciones al estado de Michoacán donde mis abuelos maternos tenían una casita incrustada en un cerro rodeado de vegetación subtropical. Cuando era presidente Lázaro Cárdenas, se apropió de esas tierras donde corren manantiales de aguas termo-medicinales, empezó a regalar terrenos y se construyó un hotel en las faldas del cerro y arriba de un cañón donde pasa un río, al lugar lo nombraron Agua Blanca. Para bajar al hotel desde el pueblo llamado Jungapeo, se construyó un camino de un kilómetro de un sólo carril con piedras de río y con alambrado de púas; por un lado (barranco) y del otro lado la pared del cerro. Era toda una aventura llegar a ese lugar tan místico donde los coches tenían que maniobrar para darse paso por ese camino tan estrecho cuando uno bajaba al hotel y el otro subía de él y viceversa.

Creo que la libertad y la seguridad que sentía en ese lugar con abundante vegetación y clima templado-caliente y constantes lluvias, es lo que hizo que se grabara tanto en mi mente esa experiencia de mi niñez. Y a pesar de que lo único que hacíamos mis hermanos y yo era nadar en las albercas de aguas templadas de manantial, era muy agradable visitar ese paraíso que ocupa un lugar muy importante en mi memoria y mi corazón. Otra razón por la cual me gustaba mucho viajar allí era porque no me sentía solo, pues iba acompañado de mis hermanos y mi mamá (no recuerdo a mi padre con nosotros allí). De vez en cuando iba algún invitado, pero en general, tenía a mis hermanos para mí sin tener que compartirlos con sus amigos.

Digo esto porque aquí es donde comienza una de las causas por las cuales emigré a los Estados Unidos. Desde muy chico me percaté que yo era diferente a los demás, que me gustaban los niños en vez de las niñas y por consiguiente, comencé a apartarme de la sociedad pues no quería que me conocieran a fondo. Bueno, pues así transcurrió mi niñez y adolescencia, con el gigantesco temor de que la gente conociera mi realidad. Tampoco fui un ermitaño ya que para mí siempre ha sido muy fácil hacer amistades y en aquél entonces tenía amigas de mis escuelas. Pero en vacaciones, cuando pasábamos más tiempo en casa, es allí donde me daba cuenta de que me estaba alejando de la sociedad. Recuerdo que mi hermano menor salía de la casa y se dirigía hacia la derecha de la calle y mi hermano mayor hacia la izquierda y se iban a jugar con sus amigos mientras yo me quedaba solo en la casa. Claro que no era así siempre, pues recuerdo que pasé muchos momentos alegres en compañía de sus amigos y mis hermanos haciendo travesuras por las calles y jugando hasta altas horas de la noche.

Durante el transcurso de mis estudios de preparatoria, ya era más independiente, pues mi padre se había ido de la casa, mis otros hermanos se habían casado y el menor se había ido a vivir al norte, a Ciudad Juárez, Chihuahua. Después de graduarme de la preparatoria, ingresé a una universidad subsidiada por el gobierno, la Universidad Autónoma Metropolitana, en la cual cursé solamente un semestre. Luego comencé a trabajar en una oficina de seguros en el Distrito Federal e ingresé a una universidad privada, la Universidad Tecnológica de México. Por conflictos de horario con mi trabajo cursé allí solamente un año para después decidir mudarme también al norte, a Ciudad Juárez y eventualmente pasarme "al otro lado" a El Paso, Texas. Esta decisión fue motivada por dos razones principalmente; la primera, por el deseo de imitar los pasos de mi hermano menor que, viviendo en Ciudad Juárez, simultáneamente se cruzaba a El Paso a cursar estudios en inglés, y la segunda razón que mencionaba anteriormente, fue por alejarme de mi familia y la sociedad que me conocía en México por el temor de que se dieran cuenta de mi orientación sexual y que llegaran a rechazarme.

En aquel entonces, México contaba con una sociedad más conservadora, y los de mi familia, creyentes de la religión católica que condena la homosexualidad, me orillaron a tomar la decisión de vivir en otra ciudad. Una vez establecido en Ciudad Juárez en la casa de mi hermano, me inscribí en la Universidad Autónoma de Ciudad Juárez para continuar mis estudios. Tuve tres trabajos en esta ciudad para ayudar a solventar mis gastos. El deseo que tenía era cruzarme al otro lado, a los Estados Unidos, para seguir mis estudios. Después, gracias al "job placement" de El Paso Community College, conseguí un trabajo de ayudante de mesero en un restaurante de comida mexicana. Me hacía pasar por "Juan Lizárraga" pues mi hermano me dio una tarjeta falsa de seguro social a su nombre para así poder trabajar en los Estados Unidos. Cruzaba todos los días a estudiar inglés y a trabajar, hasta que finalmente una tía de mi cuñada me permitió vivir en su casa en El Paso.

Déjame que te cuente...

De ahí en adelante ya hacía mi vida en este país, estudiando con visa de estudiante y trabajando con documentación falsa. En 1991 me casé con una anglo-americana que conocí cuando trabajábamos juntos en El Paso Community College como tutores académicos y tuvimos una preciosa nena, Daniela. En el año 1995, obtuve la ciudadanía norteamericana y en el año 2001 nos divorciamos. Pasó un año y en el 2002 conocí a Richard Garret, con quien he vivido por diez años y juntos hemos criado a dos preciosas perritas schnauzers: Sasha y Lacie.

Extraño mucho a mi familia, especialmente a mi madre que vivía en la ciudad de Querétaro... y quien falleció el 22 de diciembre de 2011. Me quedo tranquilo de saber que se fue de este mundo en paz y sin mucho sufrimiento, pues vivía con uno de mis hermanos, su esposa y sus tres hijos ya adultos. Es una familia muy religiosa y le proporcionaron a Chachá (mi mamá) un nivel de vida superior en cuanto al cariño, cuidados y espiritualidad se refiere. También me quedo tranquilo pues hice lo que estuvo a mi alcance para mostrarle amor y compañía física cada vez que me era posible, ya que desde que sufrió una embolia, aprovechaba cada temporada de vacaciones para viajar a Querétaro a visitarla y proporcionarle cuidados y mimos necesarios. Creo que estas circunstancias nos hacen recapacitar en cuanto a la muerte y en mi caso, creo que en un futuro querré irme a vivir los últimos años de mi vida a un lugar agradable en México. A pesar de esa decisión, considero a los Estados Unidos un segundo hogar y le estoy muy agradecido a este país por las oportunidades que me ha ofrecido para poder vivir una vida exitosa y con una mayor libertad de vivir con mi pareja Richard.

USA, my New Home

Jorge Alfonso Lizárraga Rendón

It starts from the beginning: I was born in Mexico City on January 7th 1964. I was the 7th son of a family of eight: six boys and two girls. When I was born, we went to live in a newly founded suburban neighborhood in Mexico City called "Satelite". We were pioneers in this colony, in what is now an important area and it is the most populated metropolitan area in the northern part of Mexico City. This suburb, like many others in Mexico, was a blend of the rich, middle class and lower middle class families. My family was part of the middle class. Both of my parents came from families that were economically well off; my grandfather, on my father's side, was a dedicated businesses man and today, there still exists one of his buildings located downtown in Mexico City where two of my brothers, a cousin, and other tenants currently reside. My grandfather on my mother's side used to be the Chief of Police in Morelia, Michoacan where my mother was born and raised. Later, in Mexico City, he had a high level position in the Mexican National Lottery. My father was not an ambitious man, we were a large family, we lived well but did not have surplus. My mother was a fighter and she found scholarships for all my siblings and me to attend private schools and receive a better education.

The most pleasant experiences I can recall from my childhood was when we would travel on vacation to the tropical-like weather of the state of Michoacan, where my grandparents from my mother's side had a little adobe house surrounded by tropical vegetation on a hill. When Lazaro Cardenas became president of Mexico, he confiscated the land there, with its hot springs, and began to give it away. A hotel was built on the base of a hill where a river passed at the bottom of a canyon. This paradise was

Déjame que te cuente...

named Agua Blanca or "White Water". To get to the hotel from a small town called Jungapeo, there was a small road about a kilometer long paved with stones from the river. It was an adventure to manage to drive to the hotel on such a narrow road with cars coming and going on both sides. What was so alluring and magical about this place was all the vegetation and constant rain that made me feel secure and free. And to think that the only thing my brothers and I would do was to swim in those warm waters. Those memories have been imprinted in me forever. Another reason I loved to travel to Agua Blanca so much was that I never felt alone. We will always travel together: my mom, my brothers and I (I don't recall my father ever coming with us). Once in a while, a guest would join us, but overall, I had my brothers and my mom to myself without having to share them with their friends.

I mention all of this because it was one of the reasons I left to live in the United States. Ever since I was little, I knew I was different from the rest of my friends, I liked boys and for that reason, I distanced myself from society. I did not let anyone know about it. I lived my childhood and adolescence in fear that someone would know my true self. However, I was never a hermit; I have been very sociable and had friends wherever I would go. But on vacations, when I would spend more time inside the house, was when I felt most separated from society. I remember my youngest brother would sneak out of the house and go towards the right side of the street and an older brother would also leave and go towards the left side of the street leaving me alone in the house. Of course, it was not always that way, I remember spending a lot of happy moments of my life with my brother's friends making trouble and staying out late. During my high school years, I was a little more independent, my dad had already left the house, my older brothers had married, and the youngest brother had left to go north and live in Juarez, Chihuahua.

After I graduated from high school, I enrolled in a university subsidized by the government, Universidad Autonoma Metropolitana, in which I only studied for a semester. After that, I began working in an insurance office in Mexico City. I enrolled in a private university, Universidad Tecnologica de Mexico. I was able to attend just a year due to schedule conflicts at work. Later, I decided to move north to Juarez and eventually, cross the border to the other side, to El Paso, Texas.

This decision to migrate to the US was motivated for two reasons; the first was due to the desire to imitate the footsteps of my brothers who had moved to Ciudad Juarez. The second reason was to distance myself from my family so that they wouldn't discover the identity of my sexual orientation and shun me. My family was raised in the catholic religion and in a conservative society in Mexico where homosexuality was condemned. In Juarez, I stayed at my eldest brother's home and enrolled at Universidad Autonoma de Ciudad Juarez to continue my studies. I was working three different jobs in Ciudad Juarez to support myself and my dream. My desire was to cross to the other side and study in the United States so I could have more opportunities in life. Eventually, my dream became a reality and thanks to the job placement from El Paso Community College, I found a job as a waiter at a Mexican restaurant in El Paso. Under the name of my eldest brother, Juan Lizarraga, I passed as a Texas resident and I used his false identification card so that I could work in the US. I crossed the bridge to El Paso every day to study English and to work, until the day, my sister-in-law's aunt allowed me to stay with her in her house in El Paso.

From then on, I made my life in the US; studying with a student visa and working under false documentation. In 1991, I married an Anglo American woman whom I met at El Paso Community College while working as a tutor. We have a beautiful daughter, Daniela. In October of 1995, I obtained my American citizenship and in 2001 we filed for divorce. A year later in 2002, I met Richard Garret which whom I have lived happily for ten years and together we have two precious schnauzers: Sasha and Lacie.

I do miss my family, specially my mother who used to live in

Déjame que te cuente...

the city of Queretaro. She died on December 22nd 2011. After she was gone, I was content knowing that she left this world in peace, without much suffering. She was living with one of my brothers, his wife and his three grown children. They are a very religious family and they gave "Chacha" (my mother) a comfortable living, love, care and spiritual comfort. I am also satisfied because I was able to do all I could to show her love and give her company every opportunity I had. From the time she had the stroke, I used all my vacation time to travel to Queretaro to visit her, care for her and pamper her as much as I could. I believe is in times like this that we start to review our life and think about our own dead. In the future I will like to spend my final years living in a pleasant place in Mexico. In spite this decision, I see the United States as a second home. I am grateful to this country for the many opportunities it has offered me. I have been able to live a successful life with the freedom to share it with my life partner, Richard.

Sueños y esperanzas de una salvadoreña

Alma Alfaro

Para las mujeres de mi casa
Las mujeres en el círculo de la vida
A los inmigrantes en búsqueda de esperanzas
A los que buscan paz
La vida que todos anhelamos tener
Un lugar de reconocimiento
Una comunidad imaginaria donde todos somos iguales

Fue en septiembre de 1987 que llegué a LAX con mi *family*. La abuela había vivido en *the United States* desde noviembre de 1978. Tenía sólo once años y era mi *first time* volando. Volamos por Pan Am (1927-1991). Así tenía que ser; iba a llegar a ser *the first "American" in my family*. Aunque el vuelo fue largo no me importó que duró entre cinco y seis horas, porque era una niña y estaba super emocionada, desde SAL-El Salvador hasta LAX-USA. *Everything was new* y bonito. Me sentía cómoda porque la mayoría de las personas abordo de Pan Am eran *Latinos*, una palabra que llegó a ser parte de mi reportorio al ser parte de lo que es *"América"* y saber que aquí me llamarían así.

Mi primera experiencia americana fue en Virgil Junior High School, donde la abuela me registró en el sexto grado. Me dejó ahí con los maestros, después de hacerme unas evaluaciones escolares me dieron un boleto para ir a comer a la cafetería fue ahí que empezó mi nueva vida a lo "americano". Todavía lo recuerdo como si hubiera sido ayer, *my first meal was "Sloppy Joe"*. En esta escuela aprendí inglés como segunda lengua por dos años junto a *immigrants* de México, El Salvador, Korea, Guatemala y muchas naciones más. Como no crecí en ningún suburbio sino que en la ciudad, mi único contacto con *American life* fue en la escuela con

Déjame que te cuente...

los maestros y los directores, la enseñanza y la comida. En *my neighborhood* sólo había "latinos" o asiáticos. Crecí en un barrio cerca de un área muy conocida como la Pico-Union y Koreatown.

La escuela secundaria no fue muy diferente de la otra escuela. Belmont High School, mi secundaria, está en el corazón de Los Ángeles, fue y es una escuela con un gran índice de hispanos y otros grupos minoritarios también. Aquí también lo que era *"American"* y lo que me conectaba con ese mundo eran los maestros y los directores, la enseñanza y la comida.

Siempre he tenido una devoción por la escritura y la lectura y *I love to read a lot*. Los maestros me inspiraron a estudiar. Fui galardonada con premios por sobresalir en lectura y en las matemáticas cuando estaba en Virgil Junior High School. *But for me books are* y para siempre serán *my passion*. En Belmont aprendí francés y en casa hablaba español con *mom*, la abuela, *and with other relatives* pero les hablaba *in English* a mi hermana y a los primos. En la secundaria era trilingüe, durante la clase hablaba inglés y francés, pero a la hora del almuerzo hablaba en *Spanglish* con un grupo de amigas.

Los años en la *junior high school* y la secundaria pasaron volando; y en junio de 1994 me gradué y fui parte del 1% superior de mi clase. Desde 1987 o tal vez desde antes –posiblemente desde mi nacimiento en 1976– todas las estrellas se alinearon para darme éxito. Desde el último año de *junior high school* hasta terminar la secundaria fui un *Fulfillment Fund Scholar*, por eso tuve acceso a muchas oportunidades que muchos estudiantes no tenían. Tuve la oportunidad de visitar muchas universidades; sin mi madre, pero con un grupo de estudiantes. Ahora como profesora me he dado cuenta que los jóvenes visitan las universidades con los padres y esa es la manera "americana" de vivir la experiencia de asistir a la universidad; estoy agradecida de haber sido parte de este grupo que me dio la oportunidad de hacer lo que las familias "americanas" de la clase media hacen: asistir a la universidad.

Desde 1994 he vivido una realidad diferente. Hice mis estudios universitarios en Occidental College (1994-1998), me gradué con dos carreras, una en *English and Comparative Literary Studies* y otra en español. Ahí empecé un nuevo embarque. Dejé mi *ghetto* para vivir en las residencias estudiantiles por cuatro años. La vida ahí era diferente, era un MUNDO totalmente nuevo, esto era "América" el verdadero *United States of America*. No había mucha gente morena como yo. Esto fue un choque cultural, llegué a ser una "minoría". Lo chistoso era que todavía vivía en Los Ángeles pero este lugar era muy diferente de Virgil y de Belmont, ambas escuelas públicas y urbanas, llenas de gente que se parecía a mí, con casi la misma historia, inmigrantes o hijos de inmigrantes. En Occidental College había pocas caras "latinas".

Esta nueva realidad encendió una chispa de curiosidad y mi interés por saber más de mí, Alma, una salvadoreña, en el vasto *The United States*. Bueno, queda decir que en *junior high*, tuve que aprender inglés y por eso de alguna manera tuve que desarroparme de y guardar el español, en la secundaria fui parte del grupo de honores y la literatura inglesa y americana llenaban cada espacio de mi vida, y por eso creo que decidí aprender francés. Todavía no sé por qué nunca tomé ninguna clase en español en la secundaria, quizás quería otro desafío y por eso decidí aprender una tercera lengua. En Occidental College, aprendí más sobre mis raíces salvadoreñas.

En la primavera de 1996 hice el primer curso en español. Me había convertido en *"American citizen"* por el proceso de naturalización el año anterior. Creo que es simbólico para mí haber hecho mi primera clase en español en una institución estadounidense justo al año de haber recibido la doble ciudadanía, era a la misma vez salvadoreña por nacimiento y estadounidense por naturalización. Es simbólico también que el acto de juramento de esta nueva identidad sucedió el día que cumplí los diecinueve años, el 17 de febrero de 1995. Estaba lista para explorar y desarrollar mi conocimiento. Durante el semestre del curso de español para hispanohablantes me di cuenta que no sabía mucho sobre mis raíces. Hablaba español peno no tenía idea de cómo escribirlo bien. Aunque

Déjame que te cuente...

había nacido, vivido y estudiado en El Salvador hasta la edad de once años, años después estaba muy fuera de práctica. Como me interesaba lo que aprendía con la profesora Guillén decidí estudiar una carrera en español.

Recuerdo muy bien cómo llegué a la literatura. Fue un día después de una reunión de *CASA (Central American Student Association)* que me encontré con un amigo. Omar B. me habló de Roque Dalton. En esa época no sabía nada de literatura salvadoreña y le pregunté ¿De dónde es Dalton? Y para mi sorpresa Omar me dijo "*Salvadoran*" y fue así que llegué a estudiar español y luego a graduarme con la Maestría y el Doctorado en Literatura.

He enseñado español desde el otoño de 1998. Mi primer trabajo fue en *University of California Santa Barbara* y comencé como un *graduate student instructor* y en 2004 empecé a enseñar como *Assistant Professor* en *Walla Walla College,* ahora Walla Walla University. Mi trabajo como profesora de español me ha llevado a varias conferencias nacionales e internacionales. Mi conocimiento de español y mi educación han sido de gran valor para mí. Ambos han abierto muchas puertas a esta salvadoreña-americana que vive biculturalmente y bilingüemente en un cambiante *United States.*

Hopes and Dreams of a Salvadoran Woman

Alma Alfaro

To the women of my house
The women in my circle of life
To the immigrants in search of hope
To those seeking peace
The life we all dream to lead
In a place of acceptance
An imagined community embracing people

It was in September 1987 that I landed at LAX with my *familia*. My grandma had been living in *los Estados Unidos* since November 1978. I was only eleven years old and it was my *primera vez* flying. We flew via Pan Am (1927-1991). I guess it was meant to be; I was going to become *la primera "americana" de la familia*. The flight was long, but as I a kid I was too excited to mind the five to six hour flight from SAL, El Salvador to LAX, EE.UU. *Todo era nuevo* and nice. I was not in shock yet as most people aboard Pan Am were Latinos, a term I would later be introduced to and referred to as I entered into mainstream "AMERICA".

My first American experience was at Virgil Junior High School, where my grandma enrolled me as a 6th grader. She left me there in the care of the teachers and after they had me go through some exams to evaluate my knowledge, I was given a meal ticket to the cafeteria and there I was emerged into my new "American" life. I still remember that day like it was yesterday, *mi primera comida fue* "Sloppy Joe". At this school, I learned English as a second language for two years along with other fellow *inmigrantes* from Mexico, El Salvador, Korea, Guatemala, and other nations too numerous to count. As an inner city kid, my contact with *lo "Americano"* was only at school: teachers and administrators, curriculum, and food. Back in el barrio, everyone was either Latino or Asian. I grew up in a barrio adjacent to a well-known area called Pico Union and Koreatown.

High school was not too different either: Belmont High School, which I attended, is in the heart of Los Angeles was and continues to be a predominantly "Hispanic" school; well there were other minorities too. Here too what was "Americano" and what brought be in contact with that part of the world was: teachers, administrators, curriculum, and food.

I had always had a devotion for writing and reading and *todavía me encanta leer muchísimo*. Teachers saw and fostered the potential in me. I received awards for my reading abilities in junior high and also was known for my giftedness in math. *Pero lo mío* es and forever will be *los libros*!!! At Belmont I learned French; while at home I continued to speak Spanish to *mamá*, grandma, *y con los otros parientes* but I spoke en *inglés* to my sister and younger cousins. So in high school I was trilingual, during class I spoke in English and in French, but during lunch time a group of friends and I spoke in Spanglish.

Junior high and high school went by super-fast; and in June 1994 I was a high school graduate, and in the top 1%. Since 1987 or even earlier –since my birth in 1976 to be exact– all the stars had been aligning to see me succeed. At the end of junior high and throughout high school I was a Fulfillment Fund scholar, so I had access to many opportunities that most students did not have. I had the opportunity to visit various university campuses; not with my mom, but with a group of students. Now, as a professor, I see that the "AMERICAN" way of doing the college experience is with your parents, but I am glad I was part of this group that granted me that opportunity to do what is expected of upper middle class "Americans".

Since 1994 I had been living a different reality. Occidental College (1994-1998) is the college I chose to do my undergraduate studies; I graduated with a double degree in English Comparative Literary Studies and Spanish. I began a different journey then.

I left my barrio to live in the college dorm for four years. Life was different there, it was a totally new WORLD, and this was "AMERICA", the real *Estados Unidos de América*. I could not find many brown people like me. This was a culture SHOCK, I became a "minority". The funny part was that I was still in the greater Los Angeles area but I was thousand light years apart from both Virgil and Belmont, both inner city public schools, populated of people who looked like me, with a similar background, immigrants or first generation *Americanos*. At Occidental there were a few "LATINO" faces.

This new reality served as a catalyst to ignite my curiosity for what it meant to be ME, Alma, a Salvadoran young woman, in the midst of the *Estados Unidos de América*. Well, let me reiterate that through junior high, I had to learn English and in a way shed off and put away my *español*, then in high school I was in the honors program so English literature permeated my life, it was interesting then for me to learn French. I still do not know why I did not take any Spanish courses in high school, perhaps I wanted to challenge myself by learning yet a third language. At Occidental College, I began to learn more about my Salvadoran roots.

It was in spring 1996 that I took my first Spanish course. I had become an "*americana*" by naturalization the previous year. I believe that it is symbolic for me to have taken my first Spanish class at an American institution a year after I had claimed dual citizenship: I was both Salvadoran by birth and Americana by naturalization. It is also symbolic that the oath to this new claimed identity took place on my 19th birthday, February 17, 1995. I was ready to explore and expand my knowledge. During my semester of Spanish for heritage speakers/native speakers I realized that I did not know much about my roots. I spoke Spanish, but I had no idea how to write it well. Even though I was born in El Salvador and lived and attended school there till I was eleven, years later I found myself well out of practice. I decided to pursue a degree in Spanish, because I was intrigued by what I learned in my Spanish class with Profesora Guillén.

Déjame que te cuente...

I remember very well how I came into literature. It was one day after a CASA (Central American Student Association) meeting that I met up with a friend. Omar B. introduced me to Roque Dalton. I was so unfamiliar with Salvadoran literature that I asked him, "So, where is Dalton from?" And to my surprise, Omar replied *"salvadoreño"* and thus I came to study Spanish and then graduated with a Master's Degree and a Ph.D. in Literature.

I have been teaching Spanish since fall 1998. My first teaching job was at University of California Santa Barbara as a graduate student instructor, then, in 2004, I began teaching as an assistant professor at Walla Walla College, now Walla Walla University. My position as a professor of Spanish has led me to various conferences at the national and international level. Education has been a great asset for me and my knowledge of Spanish too. Both have opened many doors for a Salvadoran American living biculturally and bilingually in a changing *Estados Unidos*.

El dinero no se recoge con la escoba

Ana María González

Con un puntero de veinte pesos empecé mi puestecito de dulces que mantenía desde las nueve a las doce entre semana antes de irme a la escuela y todo el día los sábados y domingos. Además, tenía que llevar a moler el maíz con la recomendación de que fuera "payanado" para que por la tarde mi madre, después de trabajar todo el día lavando a mano sábanas del hotel donde trabajaba, llegara a vender gorditas por lo menos hasta las once de la noche.

Tener mi propio negocio me hacía mucha ilusión y lo celebraba con un revuelo de mariposas en el estómago, pensando que de alguna forma podía ayudar con los gastos y darle algo a mi madre, quien como decía, que ella "no recogía el dinero con la escoba" porque cada centavo le acababa los pulmones.

En la escuela era si no la más inteligente, sí la más aplicada y el oír los halagos de la gente por esta dedicación me daban más ánimos para seguir trabajando, con la seguridad de que estaba cumpliendo con todo mi deber de hija y buena alumna. Atesoraba cada uno de mis artículos escolares, acarreados primero en una mochila café hecha con una imitación cuero que no me duró tanto tiempo y luego en un morral de ixtle, mucho más resistente aunque sí cortante al hombro por el peso de mis cosas para la escuela. Ordenaba los libros por materia, empezando siempre por el de español, seguido del de matemáticas, ciencias naturales y ciencias sociales y cada pequeño artículo tenía un lugar específico en mi morralito de colores desteñido por el sol. Me iba caminando a la escuela, un recorrido de bajada que nos llevaba diez minutos si lo hacíamos con diligencia y tal vez media hora de subida por el peso de las cosas y del cansancio al final del día escolar, además de las distracciones con los compañeros, el goce de los dulces comprados a la salida de la escuela o el hielito adquirido a la mitad de la pesada cuesta. Si me compraba un chocolate Carlos V por ejemplo, le daba una pequeña mordida cada día para que me durara toda la semana. Era realmente feliz, muy a mi manera.

Sabía que tenía que llegar a ser alguien en la vida, sin contar con la certeza de un quien exactamente. Se me identificaba como la niña aplicada y pobre en contraste con mis compañeros, tal vez menos aplicados y ciertamente mucho menos pobres. Yo competía con ellos por la calificación más alta y aunque casi siempre ganaba, mis desventajas eran más objetivas: nunca tuvimos libros en casa, lo primero que leí fueron "Los viajes de Marco Polo" y "Viaje al centro de la tierra" porque mi nuevo cuñado los trajo cuando se vino a vivir a nuestra casa; mi familia se entretenía con las telenovelas y los programas tal vez cómicos pero vacíos de contenido; mi casa de adobe con piso de tierra no era para recibir visitas, tener fiestas de cumpleaños o invitar a los maestros a comer; mi hermana me hacía mi ropa y era yo tan delgada que en una ocasión de las holgadas piernas de un pantalón estilo acampanado que ya no usaba, me sacó dos faldas que decoró muy a su gusto para que yo estrenara; tampoco conté con un padre que me llevara a nadar a los ojos de agua y me ayudara a vencer ese gran miedo de quedar ahogada. Nuestras diferencias siempre fueron evidentes.

Los estudios eran mi mayor empeño y todos mis maestros fueron testigos de ello, por lo que me proveían con cualquier oportunidad posible para poder destacar porque sabían que no los defraudaría y creo que nunca lo hice. Empecé a declamar poesía desde el jardín de niños y salí en cuanto baile y programa los milagros de costura de mi hermana me permitieran para conseguir los trajes que cada función pública requería. Fue uno de mis maestros quien me llevó a realizar incluso un programa a la estación de radio local —en la que para mi gran sorpresa descubrí que los músicos no llegaban a tocar, ¡sino que usaban discos! Su apoyo era a tal punto, que una vez terminada la secundaria uno de ellos decidió hablar con mi madre para convencerla de que me dejara estudiar porque ella pensaba que con los estudios secundarios y a los quince años, mi vida académica estaba más que completa. Este maestro tenía una academia para formación de secretarias y su deseo era que por lo menos ahí pudiera seguir con algunos estudios y como dueño que era, hizo el compromiso de que no me cobraría absolutamente nada. Mi madre, quien nunca pisó una escuela en calidad de alumna, por supuesto no accedió.

La lucha vino después, cuando mi hermana convertida en hembra recelosa que defiende a su cría, trató de rescatarme de las garras de la ignorancia al enfrentar a mi propia madre para que me dejara ir a tomar un examen de entrada a la escuela normal regional que quedaba a unos 35 kilómetros de mi ciudad natal. Mi propia hermana había experimentado la gran falta de oportunidades cuando a escondidas se fue a tomar dicho examen a la universidad para estudiar medicina y al enterarse mi madre de lo que había hecho, la golpeó y no la dejó marcharse. ¡Con lo difícil que era y sigue siendo ser aceptada en la universidad!

Ante esta fiera decisión, lo único que le quedó fue decirme que a partir de entonces me quedaba sin madre y al ver que ni mi hermana ni yo cedimos, se dedicó el resto de mi carrera a vigilarme la panza que esperaba verme abultada como señal de que tenía razón en no darme permiso para estudiar, pero tuve la buena fortuna de demostrarle que estaba equivocada. Tuve bien claro que ser madre a esa edad era una tragedia, pero mucho después aprendí que no llegar a serlo, era una desgracia.

Terminé mis estudios y a los veinte años de edad empecé mi carrera docente en una zona rural al margen del área metropolitana de la Ciudad de México, donde también comencé a conocer otras realidades de las que no hablaban los libros. Seguí con la especialización en español y cada paso que di, me llevó a un nivel que no me esperaba. Poco a poco ascendí en el territorio académico y también en la extensión geográfica: primero, de mi ciudad natal a la ciudad donde estudié para maestra; de ésta a la capital; de la capital a lanzarme a la aventura de conocer más de medio país viajando en tren o en autobús y de ahí hasta los Estados Unidos. Todo ha sido una serie de saltos a veces largos de señalar y difíciles de asimilar, pero fue la posibilidad de un intercambio rotario lo que me llevó a conseguir por primera vez un pasaporte y cruzar las fronteras de mi país. Primero, en un viaje espontáneo a Guatemala durante el conflictivo gobierno de Vinicio Cerezo de quien no tenía ni la menor idea de su existencia, pero del que aprendí de inmediato a cuidarme ocultando mi profesión de maestra porque de lo contrario me habrían considerado automáticamente enemiga de su gobierno. En ese viaje relámpago me tocó ser testigo del éxodo que los países centroamericanos estaban experimentando y la misma situación casi me hizo imposible regresar a mi propio país por la constante sospecha de que yo era una integrante más de la peregrinación de huída. Y luego, en ese mismo año experimentar una indescriptible experiencia opuesta: con una beca auspiciada por el Club Rotario llegué a Wisconsin en la época más colorida del año. Cada casa parecía una foto de postal, el azul celeste de las paredes en maravilloso contraste con los tonos cálidos del otoño. Nada que ver con la imagen que me acababa de encontrar en Guatemala, donde el mercado de la capital era más pobre que cualquier mercado que yo hubiera visto en México que pudiera haber merecido esa categoría.

En una intensa semana de preparación con una joven maestra en el Instituto Berlitz, se esperaba que yo pudiera reconocer los sonidos que me señalaran el significado de cada palabra que escuchara; y yo, muy campante de poder entender casi todo lo que esta joven instructora decía me sentí muy segura de mis habilidades lingüísticas sin imaginarme siquiera a lo que me enfrentaría.

Era una beca para profesionistas y me acomodaron en un grupo de chicas de la alta sociedad, que tenían auto y habían estudiado en escuelas privadas donde el aprendizaje del inglés era parte del programa de toda su carrera. De cinco participantes, cuatro éramos Ana: Ana Araceli, Ana Aurora, Ana Bertha y yo; la quinta se llamaba Maricarmen. Siempre fue cómico presentarnos, pero aunque tuviéramos el mismo nombre las diferencias eran muy obvias y de todas la única que no sabía inglés era yo. Lo que me rescató fue mi habilidad cultural porque a diferencia del equipaje tan personal (y tal vez tan innecesario) que ellas traían, con la magia de mi maleta me gané el corazón de cuanta gente conocimos porque siempre tuve un detalle, por muy pequeño que fuera, para complacerlos y deleitarlos: un separador de papel amate, unas tablitas que suben y bajan, una sonaja colorida, lo que fuera. Y lo mejor: mis propios trajes típicos que podía lucir bailando "La Negra". Me convertí en una verdadera embajadora de mi patria y eso no había manera de superarlo.

En ese mismo viaje, una mujer argentina me habló de un campamento de lenguas donde una sobrina suya trabajaba en el verano. Otra oportunidad que no desaproveché y en julio de 1991, con el gran dolor de perderme el único eclipse total de sol que podía haber visto en la vida, llegué de México a Minnesota a ser instructora de español para jóvenes de preparatoria que buscaban crédito para la escuela. Ahí descubrí otro mundo, ya que más de la mitad de mis jóvenes colegas eran de otro país y el resto había por lo menos visitado un país hispano.

Fue durante mi estancia en ese lugar que aprendí del programa Amity para ser auxiliar en una escuela en la enseñanza del español y gracias a la incondicional ayuda de una amiga que entendía muy bien mis dificultades del idioma, logré enviar una solicitud para permanecer un año en este país y así, de una vez, aprender a masticar las palabras de un idioma que sólo conocía por las canciones de los Beatles de los discos del cuñado que también me enseñó lo que era un libro. Un año estuve en Saint Paul, primero con una familia que me hizo sentir muy humillada y luego, maravillosamente, con otra familia que me enseñó el acento puertorriqueño y me aceptó como la hermana mayor de sus cuatro hijos. Verdad es que el poder (y el deber) hablar español en tal puesto y con una familia tan linda, no me ayudó mucho con el dominio del inglés, pero sí me dio la oportunidad de saber que había otra manera de ver el mundo y lo acepté con emoción. Gracias a una compañera que conocí en el campamento pude cruzar el Atlántico y visitar la

Déjame que te cuente...

Madre Patria por un mes entero, Madre, que a decir verdad, era bastante diferente de las dos hijas que hasta entonces le conocía (México y Guatemala) pero que no por eso dejó de fascinarme.

Después de un año en Minnesota, pasé por Nueva York y regresé a Taxco, lugar donde se iniciaba el programa de español para extranjeros dependiente de la Universidad Nacional Autónoma de México, UNAM. Otra oportunidad llegada del cielo y todo por contar con una licenciatura en el área y un enorme deseo de hacer más con mi carrera. Fue otra vez mi dedicación al trabajo que capté la atención de un profesor de la Universidad de Toledo en Ohio quien me propuso la idea de realizar una maestría en dicha institución, así es que después de sólo dos años dejé mi codiciado puesto en la UNAM para seguir buscándole la punta al hilo del saber y me instalé otra vez en el lejano norte a orillas del Lago Michigan, gélido e inhóspito para una mexicana que disfruta tanto de las tradiciones, del color y del ambiente que uno sólo puede encontrar en nuestros países y su gente.

Por fin el matrimonio me tocó a la puerta y le abrí mi corazón al viento para ver hasta dónde me llevaba. Cuando terminé mis estudios en Ohio me mudé a Massachusetts para continuar con mi carrera y concluí el doctorado un año después de dar a luz por primera vez, en Texas.

Han sido dieciocho años desde que acepté venir a estudiar a Ohio y más de veinte desde que vi por primera vez la viva postal del otoño en Wisconsin. Desde entonces, he visitado casi cada país de Latinoamérica, una gran parte de Europa y todavía aprecio la misión de ser embajadora cultural en el aula, en la comunidad, en donde quiera que me encuentre. Con un espíritu emprendedor mantengo reñida lucha contra la mediocridad, siempre trabajando duro, porque en este país, contrario a lo que muchos que nunca han vivido aquí se imaginan, tampoco "se recoge el dinero con la escoba".

El exilio que vivo es un arma de dos filos: por un lado, me proporciona la satisfacción de haber llegado a un lugar donde mis recursos familiares nunca me lo habrían permitido; pero por el otro, me causa la herida más profunda de una vida partida en dos, tanto en tiempo como en espacio. El consuelo que me queda es escribir y salpicar con palabras una nostalgia que al parecer, no tiene remedio...

Raíces

Una tiene que aprender a vivir con las raíces arrancadas,
con la idea de que una vez transplantada, la vida reverdezca,
y con nuevos retoños vuelva a florecer como antaño,
fertilizada con la ilusión y la entereza de ser,
de pertenecer plenamente a una tierra...

Esa tierra que ahora se desmorona
entre la pesadumbre, la muerte
la impiedad y la incesante zozobra.
Tierra que nos vio nacer desnudos,
con una desnudez que lejos de terminar
cada día se nota más.
¿Dónde han quedado esas caminatas nocturnas
con las que pretendíamos alcanzar la luna,
jugando a las escondidas
que ahora han dejado de ser juego
para convertirse en pesadilla?

Una mano que se aleja, otra que nos amenaza,
el temor de ser se acrecienta
y la posibilidad de volver se nos escapa.
Nuestras raíces penetran profundamente,
hundidas más y más en la añoranza de esa tierra
que nos tiene extraviados,
que se extravía en el horizonte
de un retorno cada vez más imposible...

Con un hacha nos están cortando el tronco
y cada golpe nos doblega,
nos ahonda la fisura que marca las dos mitades de nuestro corazón
en esa frontera del ayer y el hoy,
del allá y el aquí,
de una vida partida en dos.

Money doesn't Grow on Trees

Ana María González

With a sum of only twenty pesos I opened my candy stall, which I attended from nine until noon on weekdays before school, then all day on Saturdays and Sundays. In addition, I had to take corn to be hand-ground for my mother so that late in the day, after washing sheets one by one at a hotel, she could go out to sell *gorditas* until eleven o'clock at night, and sometimes later.

Having my own little business gave me high hopes but also "butterflies in my stomach", hoping I could somehow cover the expenses and still give something to my mother, who used to say "money doesn't grow on trees", since she was always gasping for every centavo.

In school, if I was not the most intelligent, I was probably the most hardworking student. Hearing people praise me for my dedication encouraged me to accomplish all that was expected of a daughter and a good student. I treasured each of my precious school supplies, which I first carried in a brown knapsack of imitation leather that did not last me very long, and later in a rustic bag of woven fiber which, though much stronger, chafed my shoulders because of the extra bulk. I arranged my books by subject matter, beginning always with Spanish, followed by mathematics, natural science and social science. Each object had a specific place in my bag of sun-bleached colors. I walked to school, a journey of only ten minutes going downhill if we didn't dawdle, but perhaps half an hour climbing back up because of the weight of the bag and the weariness of another school day, not to mention the distractions of my companions and the pleasure of candies bought outside the school wall or snow cones halfway up the hill. If I bought a

Déjame que te cuente...

"Carlos V" chocolate, for example, I would take just a small bite each day so it would last me for a week. That was a really special treat, by my way of thinking.

I knew I had to become someone worthwhile, without really knowing what that might entail. I saw myself as a poor but diligent girl, in contrast to my companions who were perhaps less diligent but certainly much less poor. I competed with them for the highest grades, and although I almost always won, my personal circumstances were forever a handicap. We never had books at home; the first ones I ever read were *The Travels of Marco Polo* and *Journey to the Center of the Earth*, because my new brother-in-law brought them when he came to live in our house. Our family entertainment was televised soap operas and silly comedies. My home was adobe with an earthen floor, not really suitable to receive visitors, give birthday parties or invite teachers for dinner. My big sister made clothes for me. I was so slender that she once made two skirts from the baggy legs of old camping trousers that she no longer wore. These she stylishly decorated so I would feel good showing them off. I had no father at home to take me swimming in the river and help me overcome a childhood fear of drowning. Our different family circumstances were always evident.

Studies were my first priority, as any of my teachers would surely testify. The teachers provided me every opportunity to stand out because they knew I would not disappoint them, and I believe I never did. I began to declaim poetry in kindergarten and I went out for every dance and program. My sister's miraculous sewing provided the costumes that each public function required. One of the teachers included me in a program at the local radio station, –where with great surprise I discovered that musicians did not actually come to the station to play, but they used records instead! My teachers' support was so great that when I finished secondary school one of them tried to persuade my mother to allow me to continue with schooling. My mother felt that with secondary school finished and at age fifteen my academic life should already be complete. This particular teacher owned a secretarial school, where he felt I could continue with at least some academic subjects, and he would charge me absolutely nothing to attend! My mother, who never set foot in a school as a student, did not agree, of course.

The battle really began when my sister, striving to rescue me from the claws of ignorance, became my fierce defender and confronted our mother to let me take an entrance examination for the regional normal school, which was 35 kilometers away. My dear sister herself had tried to overcome the great lack of opportunities that we faced, and secretly took a university examination in the hope of studying medicine. When our mother discovered what she had done she beat her and would not let her leave home. How difficult it had been, and would continue to be, to get accepted into a university!

Confronted with this firm decision, her only choice was to say that from then on I had no mother. Seeing that neither my sister nor I would yield, she spent the rest of my career examining my waistline, hoping to see it growing as a sign that she was right not to give me permission to study, but I had the good fortune to show her that she was wrong. I was very clear that to be a mother at that age was a tragedy, but much later I learned that never to be one is a misfortune.

I did complete my studies, and at age twenty began teaching in a rural zone at the edge of Mexico City, where I also began to grasp other realities not taught in books. I continued specializing in Spanish and each step that I took raised me to an unexpected level. Little by little I ascended in the academic world and also the geographic one: first, from my home city to one where I studied to become a teacher; and from there to the capital of Mexico. After the capital came the adventure of seeing more than half of my country traveling by train and bus. Life was a series of significant jumps that were sometimes difficult to assimilate, but the opportunity of a Rotarian exchange led me to get a passport for the first time and cross the borders of my country. First came a surprise

Déjame que te cuente...

trip to Guatemala during the repressive government of Vinicio Cerezo, of whom I had no prior knowledge but where I learned quickly to keep my profession of teacher well hidden; I would automatically be considered an enemy of his government otherwise. During that anxious journey I witnessed the exodus that Central America was experiencing, which made it almost impossible to return to my own country because of the constant suspicion that I was one more of the mass of fleeing refugees. Later that same year I had a completely opposite experience thanks to a scholarship from Rotary Club, and I found myself in Wisconsin at its most colorful season of the year! Each house seemed a picture postcard, with celestial blue walls in marvelous contrast to the warm colors of autumn. They were nothing like the images I had just encountered in Guatemala, where the central market in the capital city was far poorer than any such place I had ever seen in Mexico that could even be called a market.

After an intensive week of preparation by a young woman at the Berlitz Institute, it was expected that I could recognize the significant sounds of each English word that I heard; and I, quite capable of understanding almost everything this young instructor said, felt very sure of my linguistic abilities without ever imagining what lay ahead!

It was a scholarship for professionals and I was placed in a group of high society young women from Puebla who had automobiles and had studied in private schools where learning English was part of the curriculum throughout. Of five participants, four were Anas: Ana Araceli, Ana Aurora, Ana Bertha and I, Ana María; the fifth was Maricarmen. It was always amusing to introduce ourselves, but even though we had the same name our differences were very obvious and the only one who did not know English was I. What saved me were my Mexican arts and crafts, because in spite of the personal (and often unnecessary) luggage that they had brought with them, the magic of my suitcase won the hearts of many people we met because I always had some cute thing to delight the eye: a hand-painted amate paper bookmark, colorful Jacob's ladders or "tablitas" that went up and down, a toy tambourine, whatever. And best of all were my folkdance dresses that could flare out when performing "La Negra". I became a real ambassador for my country, and no one could top that.

On that same trip an Argentinean woman told me about a language camp where a niece of hers worked in the summer. It was another opportunity that I didn't want to lose, so in July 1991, although sad to miss the only total solar eclipse that I could see in my lifetime, I arrived in Minnesota from Mexico City to be a Spanish instructor for preparatory school students that wanted language credits for their schools. There I discovered another world, since more than half the young counselors were from some other country, and the rest had at least visited a Hispanic country.

It was during my time in that camp that I learned of the Amity program to help schools with the teaching of Spanish, and thanks to the unselfish help of a friend who well knew my language difficulties, I received approval to remain for another year in the US and thereby learn to chew the words of a language that I only recognized from my brother-in-law's Beatles records, the same nice fellow who also taught me what a book was. I spent a year in Saint Paul, first with a family that made me feel very humiliated but then, marvelously, with another family that taught me the Puerto Rican accent and accepted me as an older sister to their four children. It's true that the opportunity (and need) to speak Spanish in such a situation, and with such a lovely family, didn't help me much to conquer English, but it did show me another way to view the world, which I truly appreciated. Then it was through a friend at the language camp that I was able to cross the Atlantic and visit Spain, the Mother Country, for a whole month –"Mother" was, to tell the truth, quite different from the two "Daughters" that I knew by then (Mexico and Guatemala), but that did not prevent me from being fascinated.

After a year in Minnesota, I went through New York and returned home to Taxco, where a new program of Spanish for

Déjame que te cuente...

foreigners had been started by the Universidad Nacional Autonoma de Mexico, UNAM. Here was another opportunity out of the blue, and all because of having a degree in the subject and a strong desire to do more with my career. Once again my dedication to work caught somebody's attention, this time a professor from the University of Toledo in Ohio who suggested my getting a master's degree at that institution. So after only two years I left my coveted place with UNAM to continue following the thread of knowledge, and installed myself again in the far north on the banks of Lake Michigan, an icy cold and inhospitable place for a Mexican girl who loved the traditions, the colors and the ambiance of Hispanic countries and their people.

Finally, marriage knocked on my door so I opened my heart to the wind to see where it would carry me. When I finished the studies in Ohio I moved to Massachusetts to continue my academic career and received a doctoral degree just one year after giving birth for the first time, in Texas.

It has been almost eighteen years since I agreed to come and study in Ohio and more than twenty since I first saw the living postcard of autumn in Wisconsin. Since then I have visited nearly all of Latin America and a large part of Europe, and I still enjoy the mission of being a cultural ambassador in the classroom, the community, or wherever I may be. My determined spirit allows me to keep up the fight against mediocrity, always working very hard, because contrary to the idea that many people may have about this country, here "money doesn't grow on trees" either.

My exile is a two-sided coin, however: on one side, the satisfaction of having arrived at a place where my family's resources would never have brought me; but on the other side a life divided in time and space has caused a deep wound. My consolation is to write, sprinkling with words a nostalgia that has no apparent remedy...

Ana María González

Roots

One must learn to live with the roots wrenched out,
in hope that once transplanted, life will come anew,
that with new sprouts life may flourish as in days past,
fertilized with the illusion and the yearning to be;
to entirely belong to a land...

That land that now crumbles
in the midst of sorrow, death,
lack of mercy and constant uncertainty.
Land that saw us be born naked.
A nakedness that is never ending but
increasing with the passing of the days.

Where have they gone, those nocturnal leisure walks?
The ones in which we pretended to reach the moon
playing games of hide and seek...
games that have ceased,
only to turn into nightmares.

One hand that departs from us, another that threatens;
the fear to be grows
and the possibility to go back escapes from us.
Our roots penetrate strongly
being buried deeper and deeper
into the longing for that land.
A yearning that has us lost in nowhere to be found,
that strays into a horizon
of an ever more impossible return...

With an axe they are hacking our trunk.
Each strike is bending us,
deepening in us the fissure that marks the two halves of our heart
into that border of the yesterday and of the today,
from the there and from the here,
of a life torn in two.

Johanny Vázquez Paz

En dos maletas

Uno quiere llevárselo todo.
Empacar las fotos, los diarios, los libros favoritos,
las cartas de amor recibidas, los poemas no enviados,
la muñeca regalo del abuelo, los caracoles ofrendados
por la diosa mar, el vestido del quinceañero con su mancha
de vino tinto y, sobre todo, la almohada,
con tus sueños trazados en su silueta.

Uno quiere cargar con todo.

Empacar el adobo, el sofrito, el sabor familiar de la comida,
el olor singular del café isleño, el caldero imprescindible
para el arroz, la canción melodiosa del coquí, los dulces
de coco y ajonjolí, el güiro (por si hay parrandas), el ron
para las fiestas, la música que rememore tu cuerpo
abrazado a un bolero, y la que invoque la algarabía
de las reuniones familiares.

Uno quiere cargar con todos esos cachivaches
que trazaron tus pasos de niña a mujer
por los adoquines gastados de mar y sol.

Recuerdos que te transportan
a aquel lugar
     que tal vez ya no exista
con aquella persona
     que quizás ya no esté
pero que empecinadamente usurpan el presente
y te llevan a huir cargando con sólo dos maletas

Déjame que te cuente...

        con cargos adicionales por sobrepeso
aunque quisieras llevártelo todo
y no dejar atrás la biografía inconclusa
de lo que fue
y pudo ser
y ya nunca será
tu vida.

Johanny Vázquez Paz

In Two Suitcases

You want to take everything with you.
Pack the pictures, the diaries, your favorite books,
the love letters you once received, the poems you never sent,
the doll abuelo gave you, the seashells tendered
by the sea goddess, the quinceañero's dress
with its red wine stain and, most of all, the pillow
with all your dreams traced on its silhouette.

You want to bring it all.

Pack the spices, the sofrito, the familiar taste of food,
the singular aroma of the island's coffee,
              the indispensable caldero
for the rice, the melodious song of the coquí, the coconut
and ajonjolí sweets, the güiro (in case there's a parranda),
              the rum
for the parties, the music that brings back those arms
embracing you in a bolero, and the one that reminds you
of your family's celebrations.

You want to bring all those knick-knacks that trace
your girl-to-woman steps through the paving stones
worn out by the sea and the sun.

Keepsakes that transport you
to that place in the past
    that might not longer exist
with that person
    who might no longer be there
but that stubbornly remains alive in the present
and makes you take flight carrying two suitcases
    with additional charges for excesses baggage

Déjame que te cuente...

    although we wish we could take everything with us
    and not leave behind the unfinished biography
    of how it was
    and it could have been
    and will not longer be
    your life.

Johanny Vázquez Paz

Sentada en la arena mirando el mar

Sentada en la arena mirando el mar
aprendí el lenguaje transparente de las olas
y crecí pulgadas y engordé mis ansias
alimentada de sal y espuma.

Sentada en la orilla conocí la risa de la ola
haciéndole cosquillas a la arena
y sentí temor hacia el fondo del mar
eructando olas furiosas en días grises.

Sentada en la arena como una estudiante
aprendí a brincar la soga inmensa de la orilla,
a jugar al escondite con el cielo,
a zambullirme de cabeza antes que el peligro arrope,
a flotar en días de calma y dejarme ir.

Sólo el mar te enseña cuán pequeñas son tus manos,
cuán sensible puede ser tu piel abriéndose camino en el agua,
cuán enorme puede ser el mundo que tus pies
          no alcanzan a tocar.

Sentada en la orilla de una isla mirando la inmensidad del mar
se empieza a soñar con las orillas de otras tierras,
se empieza a zarpar para otros puertos,
se buscan todas las explicaciones
hasta vestir los pies descalzos con zapatos apretados
que te lleven al otro lado del mar.

Déjame que te cuente...

Sitting on the Sand Looking at the Sea

Sitting on the sand looking at the sea
I learned the clear language of the waves
and I grew inches and fattened my desires
nourished by salt and meerschaum.

Sitting on the shore I heard the laughter of the waves
tickling the sand, and I feared the bottom of the ocean
belching raging waves on cloudy days.

Sitting on the sand like a student
I learned to jump the immense rope of the shore,
to play hide and seek with the sky,
to dive in head first before the danger comes,
to float on calm days and let myself go.

Only the sea teaches you how little your hands really are,
how sensitive your skin can be opening its way in the water,
how enormous the world can be that your feet can't reach to touch.

Sitting on the shore of an island
looking at the immensity of the sea
you start dreaming about other shores,
you start leaving for other ports,
you start looking for all the answers
until you dress your bare feet in tight shoes
that will take you to the other side of the sea.

Oda al regreso

vuelvo porque me cuesta
no volver

Mario Benedetti

Vivo regresando a ti, San Juan, como la ola que aterriza en la arena para retornar de prisa a su destierro. Ahora que mi cabello ha blanqueado, te juro que nunca partí; sigo agitando el pañuelo con los ojos anclados a tu puerto. Era la juventud deseosa de catar el sabor de otros mares. Era cuestión de comprar un pasaje de ida, empacar las maletas con experiencias nuevas y volver a ti. Quién hubiera dicho que veinticinco años más tarde seguiría atesorando los sueños que forjé en tus adoquines. Desde la loma más alta de Santurce bajé a conquistar tu espalda. Recorrí todo tu cuerpo con mis pies insaciables de caminos. Y fuiste mi cielo para volar chiringas, mi castillo para besar príncipes, mi catedral con velo de novia. Fuiste mi viejo, San Juan, maestro del pasado, arquitecto de murallas. Asida de tu mano conocí a tus fantasmas y reviví tus leyendas. Ahora construyo día a día la nave que me regrese a tu orilla. Hago planes, trazo rutas, anuncio que éste es mi último invierno, pero el barco se hunde antes de zarpar en este lago sin desembocadura hacia ti. Sé que algún día volveré, San Juan, quizás el año que viene no naufraguen mis sueños, quizás cuando me jubile, quizás...

Déjame que te cuente...

José Ortega

José Hilario nació en México D.F. a mediados del siglo pasado, en el mero corazón de la capital mexicana. El niño creció y asistió a la Escuela España, en las calles de San Jerónimo y Correo Mayor, a unas cuadras del zócalo y muy cerca del convento donde vivió Sor Juana, a quien años después estudiaría con pasión, en el seminario de literatura mexicana con el Dr. Sergio Fernández, mismo que le ayudaría a obtener su primer empleo como maestro de español en la escuela secundaria Montessori del Pedregal y después en la Universidad Iberoamericana.

En la Escuela España empezó su interés por las letras españolas, su maestra de segundo grado, María, le enseñó además de paciencia, a leer y a escribir mejor, pero su maestra de quinto grado, la Señorita María del Carmen Arcaraz le enseñó la literatura y a mirar un mundo de belleza y pasmo al alcance de la imaginación del lector. De igual manera le enseñó el cariño a los estudiantes, así como el aprecio de las artes y la vida. Esta maestra fue su inspiración vital.

Desde muy niño aprendió las dificultades de la vida y tuvo que trabajar, al perder a su padre a los once años, así que por las mañanas caminaba con sus dos hermanas menores a la escuela por las calles de San Pablo, entre los sonidos musicales del campanario de la iglesia y las sinfonolas estruendosas de los restaurantes que despedían olores apetitosos de las comidas del día. Recuerda que le encantaba comerse un sope de salsa verde, con mucho queso, al salir de la escuela, antes de irse a su trabajo en La Merced, ubicado a unas doce calles de su casa donde ayudaba a vender y empacar melones, aguacates, duraznos y fruta de temporada; también vendía jugos de frutas: la paga era de 20 pesos a la quincena, los cuales eran una buena contribución a los gastos de la casa. Su madre, Ceci, hacía milagros con el dinero para mantener la casa y alimentar a sus hijos. También hacía costura y repostería para ganar un dinero extra, el cual complementaba la pensión que recibía para pagar la renta de la casa y el sostenimiento de sus cuatro hijos.

Así, con el transcurso del tiempo, seguía José Hilario creciendo en el entendimiento de la vida, un momento definitivo de la suya, fue el pase de admisión a la Escuela Nacional Preparatoria, esto le daba ya automáticamente el pase a la Universidad Nacional Autónoma de México, UNAM. Eran miles los candidatos que aspiraban a entrar al plantel número 7 de la ya famosa ENP, pero solamente tenía cupo para quinientos y él fue uno de ellos. José Hilario considera que este hecho es el más importante de su vida, de otra manera, lo más probable es que no habría estudiado y que tendría que haber seguido como empleado toda su vida.

Así creció entre el trabajo, los estudios y el juego de fútbol, otra pasión de su vida, que lo llevó a jugar con el equipo de "Los pumas" de su universidad, y que tuvo que dejarlo por una lesión en la pierna y la nariz. La ciudad universitaria era todo su mundo, allí vivió prácticamente los primeros cuatro años de la carrera, por las mañanas asistía a clases y por las tardes tenía práctica de fútbol, iba dos o tres veces por semana al Centro de Lenguas Extranjeras para aprender inglés, leía constantemente y se preparaba para tener éxito en sus cursos; comía en la zona universitaria y cuando no le alcanzaba el tiempo o el dinero, solamente se comía una torta. De vez en cuando iba a una muestra de cine club universitario o a alguna de las conferencias que se ofrecían en la facultad. Otras veces paseaba por el camino de los enamorados donde descubrió el amor, con su novia, una chica de su barrio que estudiaba medicina, la cual le robó la razón y el corazón. El jardín frente a la Facultad de Filosofía era su sitio favorito para estudiar y contemplar la naturaleza. Algunas tardes iba a estudiar a casa de Marcela, quien siempre le prestaba los libros que le hacían falta, allí acudían también Yolanda, Margarita y Diana, su grupo de estudio.

José Ortega

Corría el año de 1973, el último de su carrera de Letras Españolas en la Facultad de Filosofía y Letras de la UNAM, también era la última generación que se graduaba con cinco años de estudios y especialidad, pues el país crecía y se necesitaban profesionistas, por lo cual las carreras universitarias se acortaron un año. Había tenido la fortuna de haber estudiado con profesores-autores como Luis Rius, José Luis González, Sergio Fernández, Rubén Bonifaz, Margo Glanz, Concepción Caso, Margarita Peña y otros destacados profesores. Había escuchado, en el auditorio de su facultad a autores como Carlos Fuentes, Rosario Castellanos, García Ponce, Juan José Arreola, Elena Poniatowska y Carlos Solórzano, quien también enseñaba teatro en la facultad. Este mismo año empezó a dar clases en la Universidad Iberoamericana y en la Femenina y el año siguiente comenzó a dar clases de taller de lectura y redacción en el Colegio de Bachilleres, una nueva institución que abriría muchos caminos a la creciente juventud del país que demandaba más educación. Recuerda que en esos años, el presupuesto de la nación se gastaba mayormente en educación.

En el verano de 1974 fue becado para estudiar cultura española en la Universidad Complutense de Madrid. Recuerda que lo más difícil fue hacer los trámites para ir a España, pues no existían relaciones entre México y la España de Franco. En la Madre Patria José Hilario se entendió mejor, y se dio cuenta de su realidad, pensó en la máxima de Sócrates: "Conócete a ti mismo", la cual lo ha llevado a comprenderse más profundamente como ser humano y consecuentemente a su universo. Este viaje lo había ilustrado, como decía el Barón de Humboltd y le había proporcionado el conocimiento y madurez necesarios para la enseñanza universitaria al volver a México. Ese mismo año su amiga Marcela, para entonces coordinadora de Letras de la Facultad de Filosofía, le preguntó que si le gustaría enseñar español y literatura hispanoamericana en la extensión de la UNAM en San Antonio, Texas; él le dijo que lo pensaría. Recuerda que esa noche no pudo conciliar el sueño, pensando en tal proposición, por lo que al día siguiente lo consultó con su madre y luego con su amigo José Antonio, con quien tenía pensado ir a Francia y a quien habían invitado también para que enseñara literatura mexicana y español en San Antonio. Finalmente decidieron ir a la antigua capital tejana, la cual guardaba estrechos vínculos históricos con su país, además les atraía conocer la cultura estadounidense. Llegaron a San Antonio el 10 de enero de 1975, nunca habían sentido tanto frío, la fuente que estaba afuera del céntrico hotel, en donde pasaron esa noche amaneció congelada. En esa semana se instalaron en un caserón histórico en el barrio de King William, en donde se hospedaban los maestros de la UNAM, la cual les quedaba a sólo cuatro calles por lo que caminaban al trabajo todos los días, después decidieron comprarse un auto en el que recorrieron todas las misiones, la ciudad y pueblos aledaños.

Las clases en la UNAM eran chicas y el ambiente era acogedor y sereno, José Hilario se sintió casi como en casa, encantado por la tranquilidad decidió quedarse un año más, y empezó a estudiar la maestría en la Universidad de Texas en San Antonio, UTSA; para entonces conoció a Norma, con quien se casó y quien ha sido su esposa por muchos años. Al año siguiente, en 1977, decidieron volver a México, en donde se integró a la universidad, pero Norma no logró adaptarse al ritmo de la capital mexicana y le suplicó que hiciera estudios de postgrado en Estados Unidos o Europa. José Hilario asintió, incluyendo El Colegio de México entre sus opciones, y decidieron que la primera universidad que lo llamase sería la elegida. Al poco tiempo llegó la respuesta afirmativa de la Universidad de Texas en Austin, la alegría de Norma era inmensa, él no lo estaba tanto, pero le hacía ilusión estudiar en una universidad tan prestigiosa en su campo, especialmente porque había sido admitido al programa de doctorado como profesor asistente, en el cual tenía que cursar tres clases y enseñar otras tres, por tres años. La paga era poca y las demandas muy grandes.

Todo esto representó un gran sacrificio para José Hilario, pues había tenido que dejar su país, su familia, sus amigos, su trabajo y todo su universo, pero el amor pudo más que todo. En UT Austin tuvo profesores destacados como George Shade, traductor de Juan

Rulfo, con quien tomó un curso de literatura hispanoamericana; Juan López Morillas, Stanislav Zimic, Julio Ortega, Martha Luján, Gonzalo Rojas y José Emilio Pacheco, con quien se identificó e hizo amistad, entre otros. También pudo asistir a muchos ciclos de conferencias y escuchar a grandes escritores como Jorge Luis Borges, a quien tanto admiraba.

En 1983 terminó sus estudios y se le presentaron nuevas y muy buenas oportunidades de enseñar en otras universidades, pero una vez más, a súplicas de su esposa se trasladaron a San Antonio, en donde enseñó en UTSA por quince años y en Saint Mary's Hall al mismo tiempo. En UTSA enseñó cursos de español y cultura hispánica, y los cursos de AP español y literatura para estudiantes de postgrado. José Hilario fue uno de los pioneros en los Estados Unidos en la enseñanza de estos cursos y el primero en Texas en enseñarlos en institutos de verano para maestros en la Universidad de Houston, luego en Texas Christian University, Rice University, el sistema de UT, Nuevo México, Oklahoma y México. Su aportación en este campo ha sido instrumental para los miles de maestros que se han beneficiado y sus respectivos estudiantes. Sigue desempeñándose como "table leader" entrenando a más maestros y calificando el examen AP de español, además de ser consultor en estos cursos, también continúa como maestro de dichas clases en la preparatoria de Saint Mary's Hall, en donde las estableció y en la que lleva veintinueve años impartiéndolas.

José Hilario ha enseñado en México, España y los Estados Unidos y ha sido distinguido con muchos premios y reconocimientos, pero el que considera más valioso, y como la corona de su profesión, es el haber sido electo, por los maestros de español y portugués de la nación, al Consejo Ejecutivo de la American Association of Teachers of Spanish and Portuguese (AATSP) para el período 2009-2011, cuyo capítulo cofundó en San Antonio en 1984 y del cual es el actual tesorero.

Allow me to share with you...

José Ortega

Jose Hilario was born during the middle of the past century in the heart of the Mexican capital, Mexico, D.F. The child grew and attended the España School located on the streets of San Jeronimo, a few blocks from the "Zócalo" and very near the convent where Sor Juana Ines de la Cruz lived. Years later he would study her life and works with passion at the Mexican Literature Seminary under the guidance of his professor and mentor Dr. Sergio Fernandez. He also, would be instrumental in helping him obtain his first employment as a Spanish teacher at the Montessori del Pedregal Middle School and then at the Universidad Iberoamericana.

His love for the Spanish language and literature began at the España School, when his second grade teacher Maria taught him not only patience but also how to read and write better; however, his fifth grade teacher Ms. Maria del Carmen Arcaraz taught him literature and, together with imagination, how to see a world of beauty and amazement. She also taught him how to love one's students and how to appreciate the Arts and life in general. This teacher was his vital inspiration.

He learned about life's difficulties when he lost his father at the age of eleven and had to work.

Every morning he would walk with his two sisters to school through the streets of San Pablo as the church bells rang out with their musical sounds, together with the loud symphony coming from the restaurants that also gave out tempting smells from the menu of the day. He recalls that he loved eating a green salsa "sope" loaded with cheese, at the end of the school day, before going to work at La Merced market, located some twelve blocks from his home. There, he helped sell and pack cantaloupes, avocados, peaches and fruits of the season along with fruit juices. He earned 20 pesos every 15 days, which were a fine contribution to the family income. His mother Ceci, created miracles with the little money she had to maintain the home and feed her children. She also did sewing and baking to earn extra money to supplement the pension she received for the rent.

With the passage of time, Jose Hilario kept growing with an understanding of life. A definitive moment came when he was admitted to the Escuela Nacional Preparatoria (ENP) because this would allow his automatic admission to the Universidad Nacional Autonoma de Mexico (UNAM). There were thousands of candidates aspiring to enter this educational institution; No. 7 of the now famous ENP, however, there was only room for five hundred students and he was one of the selected. Jose Hilario considers this event to be the most important of his life, because otherwise he would not have continued his studies and would have become just another obscure employee.

As he matured, there was work, his studies and football soccer, another passion in his life, which allowed him to play for the Pumas, his university's team until he suffered injuries to a leg and nose, thereby, ending his football career. The university was his whole world, practically living there the first four years of his studies. He attended classes in the morning and in the afternoons he had football practice. He ate at the university. When there wasn't enough time or money, he wouldn't eat anything but a sandwich. Also, he was taking English classes two or three times a week at the Centro de Lenguas Extranjeras, reading constantly and prepared himself to succeed in his courses. Once in a while he would go to a movie shown presented by the school's Cine Forum or to one of the many conferences offered by the department. Other times, he walked through the lover's lane where he discovered love together with his then girlfriend, a neighbor, who studied medicine and managed to steal his heart and all his reasoning. His favorite place to study and contemplate nature was the garden in front of the School of Philosophy and Language. Some afternoons he would go to Marcela's house to study –she always lent him the books he needed, and there were Yolanda, Margarita and Diana, all part of the study group.

In 1973, he completed his studies of Hispanic literature at the Philosophy and Languages School in the UNAM. This was also the last generation of graduates with the five year study plan. The country was growing and needed graduates in all careers thereby resulting in the shortening of the curriculum of study by one year. He had the good fortune of studying with published authors like Luis Rius, Jose Luis Gonzalez, Sergio Fernandez, Ruben Bonifaz, Margo Glanz, Concepcion Caso, Margarita Peña and other distinguished professors. In the auditorium of the Philosophy and Language Department he heard outstanding lectures from authors like Carlos Fuentes, Rosario Castellanos, Garcia Ponce, Juan Jose Arreola, Elena Poniatowska y Carlos Solorzano, who also taught theater in the department. This same year, he started teaching classes at the Universidad Iberoamericana and Universidad Femenina. The following year he started teaching workshops on reading and editing at the Colegio de Bachilleres, a brand new institution, which would open many roads to the country's growing youth who demanded more education. It is necessary to remember that in those years, the nation's budget was spent largely on education.

In the summer of 1974 he was awarded a scholarship to study Spanish culture at the Universidad Complutense de Madrid. He recalls that the most difficult part of the trip was getting the papers necessary to go to Spain since there were no political relations between Mexico and Franco's Spain. In the Mother Country, Jose Hilario got to know himself better. He became aware of his own reality, he thought of Socrates' principle: "Know yourself", which has helped him understand himself more profoundly as a human being and consequently, understand his universe. This trip enlightened him, like the Baron de Humboltd said, and given him the knowledge and maturity necessary to teach at the university level upon returning to Mexico. That same year, his friend Marcela, coordinator of the Philosophy Department asked if he would like to teach Spanish and Hispanic Literature at the San Antonio, Texas branch of the UNAM, to which he replied that he would think about it. That night, as he recalls, he could not sleep, thinking of this proposition. The next day he consulted the matter with his mother a then his friend Jose Antonio, with whom he had planned to go to France. As it turned out, he too had been invited to teach Mexican literature and Spanish in San Antonio. Finally, they decided to go to the "old" Texan capital, which kept close historical ties to his country. Learning the country's culture was an added attraction. Upon arriving in San Antonio, on January 10, 1975, they had an experience they have never had before. The weather was so cold, the water fountain in front of the hotel where they spent that first night, was frozen over. That week they moved into an apartment in a historic mansion in the King William district where teachers from UNAM, San Antonio stayed. This was only a four block walk to the university through beautifully landscaped homes. After a while they purchased an automobile, which gave them the means to know the city well, with its missions, historical sites and nearby towns.

The classes at the university where small, and the atmosphere was cozy and serene; Jose Hilario felt at home there. Enchanted by the tranquility, he decided to stay another year, and started to study for his master's degree at the University of Texas San Antonio (UTSA). By then, he had met Norma, whom he married and has been his wife for many years. The following year, in 1977 they decided to return to Mexico, where he returned to the university. Norma found it difficult to adapt to the rhythm of the Mexican capital and urged him to study in the U.S. or Europe. Jose Hilario agreed, El Colegio de Mexico was one of his options, however, they decided that the first university to accept him would be the chosen one. Shortly, the affirmative answer from the University of Texas at Austin (UT Austin) arrived, Norma's joy was immense, his not so much, but the illusion of studying at such a prestigious university, to work in his field and especially, being admitted to the doctoral program as an assistant professor, was very enticing. He had to take three classes and teach three classes for three years. The pay wasn't great and the demands were many.

All this represented a great sacrifice for Jose Hilario because he had to leave his country, his family, friends, work, and his entire universe, but love conquered all. He had outstanding professors at UT Austin such as George Shade –translator of Juan Rulfo with whom he took a course on Hispanic literature, Juan Lopez Morillas, Stanislav Zimic, Julio Ortega, Martha Lujan, Gonzalo Rojas, Jose Emilio Pacheco, whom he befriended and with whom he identified. He was able to attend many conferences and listen to great authors like Jorge Luis Borges, whom he admired greatly.

Many new and good opportunities presented themselves to teach at other universities upon finishing his studies in 1983. Once again, at his wife's urgency, they returned to San Antonio, where he taught at UTSA for fifteen years and at Saint Mary's Hall at the same time. At UTSA he taught courses in Spanish and Hispanic culture and literature for post-graduate students and courses of AP Spanish at the high school. Jose Hilario was one of the pioneers in the United States to teach of these courses. He also was the first in Texas to teach them in Summer Institutes for teachers at the University of Houston; later on, at Texas Christian University, Rice University, University of Texas system, New Mexico, Oklahoma, and Mexico. His contribution in this field has been instrumental and beneficial to thousands of teachers and their students.

He continues to carry out his duties as a "table leader", training more teachers and grading AP Spanish exams, in addition to being a consultant for these courses he teaches them at Saint Mary's Hall Upper School, where he implemented them twenty nine years ago. Jose Hilario has taught in Mexico, Spain and the United States. He is co-founder of the San Antonio Chapter of the American

Déjame que te cuente...

Association of Teachers of Spanish and Portuguese (AATSP) in 1984 and currently holds the position of treasurer. He has received professional acknowledgment through many awards and recognitions, but considers being elected by his peers, the teachers of Spanish and Portuguese in the nation, to the Executive Committee of the American Association of Teachers of Spanish and Portuguese; (2009-2011) to be his crowning glory.

Destino y laberintos

Clementina Adams

Y llega el día anhelado, temprano en el nuevo año; una nueva estrella sonríe al hogar de Julio y Aura de Rodríguez; Capricornio y su cortejo espacial, la afianza firme sobre la tierra, llena de un ímpetu de aventuras y de auto superación. De la tierna criatura salen los primeros gritos de protesta frente a un nuevo mundo demasiado brillante, seco y ruidoso. La bautizan Clementina y crece en un hogar amoroso rodeada de cinco hermanos y una hermana. Disfrutan de juegos, comidas familiares; discusiones de hermanos, e infinidad de competencias deportivas capitaneadas por don Julio, el padre, y de otras miles travesuras; el temor no es parte de su círculo de hermanos, parientes y amigos.

A la edad de cinco años, su abuela Carmela Tette la lleva a su hacienda en Río Frío, en el Departamento del Magdalena. Viaje mágico en que la pequeña se entretiene mirando al mar, en donde a la luz de la luna, las espumas y las olas del mar se confabulan para formar figuras en la oscuridad, a veces tan grandes como un barco de carga o un tren, que se sumerge y luego reaparece cual ballena o delfín jugando en el mar. Y, el tiempo pasa...

Clementina inicia sus estudios a una temprana edad y muy joven termina la secundaria en un colegio privado de monjas salesianas, la Normal de Nuestra Señora de Fátima. Allí crece espiritualmente; de hecho, estuvo a punto de entrar al convento pero, por su edad, no le fue posible sin la autorización de sus padres. Su personalidad, dinamismo, sentido del humor y alegría contagiosa, le atrae un sinnúmero de amigas de todo rango y edad. Sus inocentes aventuras traen sonrisas a sus compañeras de escuela, profesoras y religiosas. Y, el tiempo pasa...

Déjame que te cuente...

Entre su gran número de amigas, cuenta con un grupo especial o coalición amistosa. Con una de ellas, Lydia, organizan clubes de prensa y literatura, donde sobresalen en la escritura de poesías y ensayos, los que frecuentemente salen publicados en la revista del colegio. Ya diplomadas en pedagogía, empiezan a trabajar en el área educativa, Lydia en una escuela elemental urbana y Clementina como profesora de kindergarten en la escuela primaria del mismo colegio de religiosas en donde termina su bachillerato, pero continúan la amistad. En una ocasión, la conversación gira hacia el futuro profesional de ambas.

El nombre de la profesora Aurora Padilla, ocupa la mayor parte de sus futuras conversaciones sobre el tema, y con su ayuda inician contactos para conseguir una audiencia con el gobernador del Departamento del Atlántico. Después de varias reuniones e innumerables papeleos, el Gobernador logra crear un decreto oficial que permite a Clementina y a Lydia la oportunidad de iniciar la primera jornada continua de trabajo escolar (de las 7:00 de la mañana a la 1:30 de la tarde). Se presentan a la universidad del Atlántico, donde son admitidas, al ocupar los dos primeros puestos en la lista de resultados del examen de admisión. Sobra decir que pasado un año, hubo un movimiento académico para solicitar la oficialización de dos jornadas continuas de trabajo en todas las escuelas y colegios del Atlántico, al igual que a nivel nacional.

En la Universidad del Atlántico conocen nuevos amigos, surgen intereses amorosos al igual que logros y honores académicos; y finalmente llega el día de la graduación con la Licenciatura en Lenguas, Cultura y Literatura Hispanoamericana, y en Inglés como Lengua Extranjera. En ese mismo año se establecen en las ciudades capitales de Colombia una serie de institutos académicos pilotos, con modelos pedagógicos y tecnología educativa avanzada, llamados Instituto Nacional de Educación Media (INEM). Los nuevos institutos siguen el modelo universitario norteamericano, con edificios dedicados, laboratorios, talleres, centro gimnástico y de deportes, cafetería, centro administrativo y un campus atractivo. Los mejores graduados de la Universidad del Atlántico reciben la invitación a ser parte del proyecto y Clementina es una de las seleccionadas. Aquí pasa tres años de su vida, el primero como profesora de español e inglés, como lengua extranjera, y al año siguiente, como jefe del Departamento de Lenguas Extranjeras (inglés, francés, alemán y brasilero). El departamento marcha muy bien con el liderazgo de Clementina, a pesar de su juventud, con la colaboración de los colegas del departamento, además del apoyo del personal administrativo.

Durante su tiempo en el INEM conoce un buen número de profesores en los distintos departamentos o facultades, sumándose a la lista los amigos de la Universidad del Atlántico y del vecindario. Muchos de ellos expresan sus sentimientos personales hacia Clementina; sin embargo, ella no parece interesarse seriamente, pues transcurrido un corto tiempo, dos o tres meses del romance ella repentinamente pierde el interés, se aleja con pretextos, para al poco tiempo volver al círculo vicioso de romances sin sentido. Clementina no se siente tan afortunada en el amor como sus amigas piensan. Uno de sus compañeros de estudios en la universidad, el más persistente, logra convencerla de que el verdadero amor sí existe.

En esa época empieza a tener sueños interesantes y recurrentes, en los cuales, mientras camina por el patio trasero de su casa, de repente, su próximo paso la pone en la ciudad de Nueva York con sus rascacielos, tiendas, tráfico y tecnología, igual que en las películas. Su madre interpreta el sueño como la posibilidad de un viaje de visita a los Estados Unidos. El destino parece tomarla de la mano hacia laberintos inesperados e intrincados; su buena amiga y colega, Julia Rodríguez, Directora de Consejería en el INEM, prácticamente la hace enviar una solicitud de beca de Maestría en Diseño Educativo, auspiciado por la Organización de Estados Americanos (OEA), para dos personas seleccionadas de los 24 Departamentos de Colombia. Julia le llena el formulario y al siguiente día va a una entrevista con el Director del Instituto Colombo-Americano. Llega tarde a la cita y la secretaria le informa que el jefe acaba de cerrar su oficina por el día y que estaba listo para ir al aeropuerto rumbo a Bogotá para entregar los formularios y la documentación de dicha beca. En ese momento la puerta se abre y el director se asoma y le pregunta si puede ayudarla. Así sucedió, que después de la entrevista, el jefe la lleva a otra oficina para tomar el requerido examen llamado "ALIGU". Ella resulta ser una de las dos personas seleccionada de Colombia y es así como en 1973 llega por primera vez a la Universidad Estatal de la Florida (FSU) en Tallahassee.

El grupo de becados incluía estudiantes de Chile, El Salvador, Argentina, Costa Rica, Venezuela, Brasil y Colombia. Desde su llegada, establecen una gran amistad y se reúnen constantemente, bien sea para probar platos exquisitos de sus respectivos países o para participar en fiestas animadas con música y baile latino. Inicialmente el mayor obstáculo para Clementina es su poco dominio del inglés, especialmente en expresión oral. Fue un semestre duro que logra superar con el estudio intenso del material de los textos. Mejora su inglés escuchando la radio y mirando la televisión en inglés, especialmente las telenovelas, dramas, series policíacas y películas, y así finaliza el primer semestre con altas notas. Durante ese año conoce y atrae el interés romántico de estudiantes y profesores, de varias nacionalidades: norteamericanos, europeos y asiáticos, incluyendo un estudiante persa, quien además, era príncipe de su país. Un día, en su primer semestre conoce a Paul, un joven fotógrafo profesional y estudiante de Estudios Asiáticos. Es una experiencia única para Clementina, quien parece romper su frustrante círculo vicioso en el amor, ya que continúa saliendo con él aún pasados los primeros meses del romance; se siente atraída y segura al lado de Paul y con él disfruta de un romance tierno y dulce, que no parece nublado por deseos de terminar o de empezar otra aventura romántica. Tal parece que este joven americano logra robarle el corazón; desafortunadamente, el destino y sus complicados laberintos se ensañan en poner fin a ese precioso y nuevo sentimiento, posiblemente, su verdadero amor. Y, el tiempo pasa...

En la mitad de su segundo semestre y a sabiendas de su pronto regreso a Colombia y la imposibilidad de un futuro con Paul, decide alejarse de él y salir con otros muchachos de la universidad; pero el mismo círculo vicioso reaparece. Finalmente, a recomendación de una compañera de estudios, cuyo padre era uno de los sicólogos en la universidad, asiste a una sesión, donde le informan que su problema es una "aversión o fobia al compromiso o al matrimonio". La causa estaba en sus años como maestra de kínder, donde las compañeras de trabajo, mayores que ella, la llevaban como chaperona cuando salían con sus novios. Clementina se fascina con las parejas, pero se deprime muchísimo cuando tiene que consolarlas por las acciones crueles o las infidelidades de sus novios. De todas formas, de acuerdo con los sicólogos, para liberarse de ese problema de regreso a su país debe aceptar un novio oficial y continuar la relación por lo menos un año, aunque no esté enamorada. Pasada la prueba, estaría lista para tener relaciones amorosas normales y más permanentes. Una vez completada su maestría, regresa a Colombia; no se despide de Paul, ya que sabe muy bien que nunca más podrán volver a verse: ella debe regresar a su país en forma definitiva y Paul tiene planes de una beca de estudios en el Japón, además de que su familia vive en Boston y no en Tallahassee. Y, el tiempo pasa...

Ya en Colombia disfruta las reuniones de amigos y familiares compartiendo sobre el viaje y mostrándoles los cientos de fotos de su estadía en los Estados Unidos; cuando, accidentalmente, aparece una foto de Paul a la que todos hacen la misma pregunta: ¿quién es ese joven? Ella contesta sin saber por qué "Ah, es el amor de mi vida".

Una tarde en su casa recibe una inesperada llamada telefónica del Dr. Garzón, representante de la OEA, quien la invita a trabajar con él en el Centro Multinacional de Tecnología Educativa en Bogotá, localizado en Inravisión (el canal nacional de televisión colombiana) y sede del programa nacional de educación a distancia (tele-educación). Allí forma parte del grupo de evaluación de los programas tele-educativos, bajo la coordinación del representante de la OEA y el Ministerio de Educación. De Inravisión, el Centro se traslada al edificio del Ministerio de Educación Nacional. En la nueva sede forma parte de un grupo voluntario de consultantes enfocados en la evaluación y reforma del programa educativo a nivel nacional, que concluye con la propuesta del nuevo currículo a nivel nacional. Un sistema centralizado que toma en cuenta las diferencias regionales y culturales de los estados del país.

Clementina sigue las recomendaciones de los sicólogos y tal parece que las cosas mejoran cuando conoce a Luis, un joven abogado que trabaja para el Ministerio de Educación. El noviazgo florece lleno de ternura, comprensión y amor; un sentimiento que perdura aún pasados los primeros meses de la etapa romántica. Se conocen las familias y todo se ve color de rosa para los dos jóvenes; pero el destino le tiene un nuevo laberinto lejos de Luis en los Estados Unidos, para obtener su doctorado en sistemas de instrucción y evaluación educativa. Esta vez no está interesada en regresar porque finalmente ha encontrado el verdadero amor. Sin éxito, trata de evadir esa misión. Muy triste le comunica la noticia a Luis, quien propone que se casen ese verano, antes de su partida y no en la navidad según sus planes iniciales. Sorpresivamente ella prefiere esperar; Luis rehúsa la idea, pero finalmente, ante los argumentos persuasivos de Clementina, no tiene otro remedio que acceder. Mientras tanto él y la familia de Clementina, continúan los planes para la mejor boda posible. Y, el tiempo pasa...

Ella regresa a Tallahassee en junio de 1976, en su primer día, el destino le tiene preparada una sorpresa: Paul está estudiando en FSU en su misma área. Después del choque inicial al escuchar su voz, el corazón de Clementina parece latir precipitadamente. Se siente confundida y sabe que debe confesarle a Paul sobre su compromiso en Colombia; pero Paul le pide que sigan siendo amigos. El laberinto se hace más profundo cuando ella sigue recibiendo, casi a diario, cartas y postales de Luis, donde le ratifica su amor, su ternura y ansiedad por su regreso. Pasa un año de luchas emocionales internas, dispersando las respuestas a las cartas de Luis. Sin embargo, su desasosiego aumenta cuando recibe sus nuevas cartas llenas de angustia y preocupación por su tardanza en contestar. Lo peor de todo es el hecho de que ella no puede decir nada de esto a su familia, quienes están haciendo preparativos para su boda con Luis. Acude a sus amigas, pero cuando ellas le proponen que se decida por Luis dada la afinidad cultural, su corazón sufre al pensar en Paul, y cuando le sugieren que se decida por Paul, su corazón sufre pensando en Luis. ¡Qué dilema!

Cerca a la fecha de su viaje vacacional a Colombia, su amiga Consuelo, de Venezuela, agobiada por los constantes dolores de cabeza y el estrés de Clementina le dice: "Tienes que dejar de sentirte mal por la persona que no selecciones. La única que sufre aquí eres tú. Lo que necesitas hacer es regresar a Colombia y hablar personalmente con Luis; así te convencerás si verdaderamente lo amas, sin la interferencia de Paul". Con dificultad logra convencer a Paul de la importancia de ese viaje conjeturando que si no lo hacía y se decidía por él ahora, un día cuando tuvieran problemas ella siempre pensaría que cometió un error al no haberse dado la oportunidad de tomar una mejor decisión. Y, el tiempo pasa...

Una vez en Colombia en una reunión familiar y con la ayuda de fotos de Paul y su familia, Clementina les explica su situación. Sigue un silencio sepulcral y después de varios minutos que a ella le parecen eternos, su padre, con su acostumbrada sabiduría, dice con voz firme: "Yo entiendo tu dilema y a pesar de que conocemos y queremos a Luis la decisión es tuya, al igual que tu felicidad futura". Todos están de acuerdo y le desean lo mejor. Clementina viaja a Bogotá, en donde el encuentro no se hace esperar, pero, a la vista de Luis en el aeropuerto con un hermoso ramillete de rosas rojas, ella siente deseos de retornar a Tallahassee a los brazos de Paul. A petición de su padre, Clementina no le dice a Luis la verdadera razón de su decisión; sino que le hace ver que es muy posible que tenga que permanecer más tiempo en los Estados Unidos. Y, el tiempo pasa...

Paul y Clementina contraen matrimonio el 11 de junio de 1977, en una ceremonia tradicional católica y con la asistencia de profesores, amigos, compañeros de la OEA y estudiantes universitarios. En 1978 terminan sus semestres de estudio para el doctorado, pendientes de la disertación. Los dos regresan a Colombia para continuar trabajando en el Ministerio de Educación Nacional, según las condiciones de la beca. Más tarde Clementina se desempeña como Directora de la Oficina de Planeamiento y Programación Educativa, de la Secretaría de Educación Nacional; por su lado, Paul trabaja como profesor de inglés como segunda lengua, en el Instituto Colombo-Americano, auspiciado por la embajada americana. Y, el tiempo pasa...

Para 1980 gracias a una dispensa especial del Ministerio de Educación, la pareja regresa a los Estados Unidos en forma permanente. Primero se quedan tres meses en Boston, con la familia de Paul y luego pasan a la zona metropolitana de Washington, D.C., donde Paul se desempeña como profesor de tecnología educativa y consultor de diseño de instrucción y Clementina como consultora en la misma área y como profesora de español para estudiantes sordo-mudos, en la Universidad de Gallaudett. En esta universidad los dos aprenden el lenguaje de señales, se rodean de muy buenos amigos y, mucho más importante, ocurre el gran milagro del nacimiento de su única hija, Lauren Stephanie. La vida de la pareja en los Estados Unidos transcurre en forma normal y feliz.

Mientras están en Washington, Clementina completa y defiende su disertación en Tallahassee; después de cinco años, deciden aventurarse e ir a Fairbanks, Alaska para trabajar en la Universidad de Alaska-Fairbanks. Disfrutan casi dos años de paz y felicidad, rodeados por la belleza de la nieve; las luces boreales; los osos y las águilas; los árboles de burche y pino; la gente con un gran sentido comunitario; las festividades y tradiciones nativas. Con un buen salario disfrutan de una vida apacible y sin problemas. Salen de Fairbanks, debido a la crisis del petróleo en 1986, cuando alrededor de treinta mil familias pierden sus empleos y deben salir de Alaska.

La familia Adams llega a Columbia, Carolina del Sur en 1986; esta vez, Paul trabaja como Director del Programa Tecnología Educativa y Educación a Distancia de la Universidad de Carolina del Sur mientras que Clementina toma clases de francés en la misma universidad y cuida de Lauren. Ese mismo año es seleccionada para trabajar como miembro de la unidad de evaluación educativa en la Secretaría de Educación del Estado. De esta ciudad salen en el otoño de 1989 con destino a la Universidad de Clemson, donde Paul completa y defiende su disertación doctoral y se desempeña como diseñador de instrucción en el centro de tecnología y educación a distancia; Clementina empieza como profesora visitante en el Departamento de Lenguas. Y, el tiempo pasa...

Generalmente en las vacaciones de Navidad los Adams viajan a Colombia para compartir con la familia y amigos. Un evento importante para ella es la reunión anual del grupo de graduados de la universidad; los amigos de siempre, Lydia, Magali, Ceres, Berta, Isabel, Eduardo, Edgardo, Oscar, Víctor... al igual que un grupo de profesores, comparten felices como en familia, comentan sus triunfos y desafíos de la vida. Este grupo se ha reunido cada año, por más de treinta y cinco años. Y, el tiempo pasa...

En el Departamento de Lenguas, Clementina logra avanzar a profesora asistente en la línea de permanencia, luego a profesora asociada y finalmente a profesora total. La familia se establece en la ciudad de Clemson, donde Lauren crece y termina sus años escolares, desde el kindergarten hasta la secundaria; luego hace sus estudios en la Universidad de Carolina del Sur-Columbia. Durante su tiempo en la Universidad de Clemson organiza, planea y coordina una variedad de programas, tales como la enseñanza del español como lengua extranjera a estudiantes de las escuelas primarias de la región, con la participación de colegas de otras lenguas y estudiantes del programa de lenguas modernas. Coordina y planea la iniciación del programa de Lenguaje Americano de Señales (ASL) como parte de los programas ofrecidos por el departamento. Hoy en día, ese programa es muy popular entre los estudiantes. Más adelante inicia y coordina la creación de una nueva área de estudios en el Departamento de Lenguas: "Lenguaje y Salud Internacional" (L&IH) aprobado por el departamento, la universidad y el Consejo de Educación Superior (CHE). Se desempeña como directora

Déjame que te cuente...

interina del programa; recibe entrenamiento y certificación en el área de salud internacional e interpretación, de "Hablamos Juntos" auspiciado por Káiser Permanente y otros hospitales, en la ciudad de San Francisco, California y Carolina del Sur. Este programa florece y atrae estudiantes de honor a nivel nacional. Otros logros en el departamento incluyen el diseño de una variedad de cursos en español, cultura, literatura y español para el área de la salud; lo mismo que cursos para el lenguaje de señales y diseño de instrumentos de evaluación a nivel departamental. En el área de servicio obtiene muchos premios y honores tanto a nivel regional como nacional. Actualmente ha presentado una propuesta para un certificado de posgrado en interpretación en el área de la salud.

El trabajo investigativo se ha enfocado en el análisis crítico de las obras literarias de mujeres Hispanoamericanas, incluyendo escritoras afro-hispanas. De ese empeño resulta su primer libro: *Common Threads: Themes in Afro-Hispanic Women's Literature* (*Hilos comunes: temas en la literatura de mujeres afro-hispanas*). Su producción literaria incluye la publicación de más de treinta y cinco artículos y capítulos de crítica literaria de autores contemporáneos de Hispano América, en revistas referidas o como obras seleccionadas en conferencias nacionales e internacionales. Su segundo libro se intitula: *Referencias Cruzadas: Obras seleccionadas de Luis Enrique Jaramillo Levi* en co-edición con la profesora Birmingham-Pokorny. Clementina también incursiona en la literatura socio-política y revolucionaria de mujeres latinoamericanas, de lo que surge su tercer libro: *Rebeldía, Denuncia y Justicia Social: Voces Rebeldes de mujeres Hispanoamericanas*, con la colaboración de otras autoras. Todavía continúa asistiendo a conferencias de literatura y cultura y sigue publicando artículos. Su trabajo de investigación cubre además la tecnología en el proceso de aprendizaje, la salud y el uso de plantas medicinales, la vida del hispano en los Estados Unidos y otros. Hoy en día, pasados casi treinta años de su llegada a los Estados Unidos, Clementina medita:

Clementina Adams

Con nostalgia recuerdo mi niñez; qué afortunada soy de haber tenido padres tan especiales: mi madre, una perla preciosa, que nos guía con amor, fe y disciplina para equiparnos a enfrentar los inconvenientes y problemas en la vida; y mi padre, nuestra roca de salvación, siempre fuerte, amoroso y dotado de una paciencia y honor incomparables. Dejar este hogar tan feliz y unido no fue fácil, pero después de casarme con Paul, acepté con entusiasmo y fortaleza la nueva ruta que me abría el destino.

¡Qué de ilusiones, afán y energía en mi deseo de imbuirme tanto física como emocionalmente en la cultura norteamericana! En Washington comencé a degustar las diferencias culturales en la amistad, en los dos países. En Alaska, tocamos la naturaleza, un sueño de nieve en Navidad, con su aurora boreal, encantos geográficos, fauna y flora exóticos. En Carolina del Sur, primero en Columbia y finalmente en Clemson, decidimos anclar, y me dedico con orgullo y entusiasmo a mi trabajo de profesora e investigadora. Desafortunadamente, por primera vez experimento el demonio de la discriminación, la competencia en el trabajo, la envidia y la maldad de algunos colegas, especialmente en la Secretaría Estatal de Educación en Columbia, y, a un nivel menos notorio, en la Universidad de Clemson. En mi opinión, el problema radica en el hecho de que en los Estados Unidos la competencia, el deseo de superación en el trabajo y el temor al fracaso, llevan al profesional a sentirse temerosos con la idea de colaborar. Esto contrasta con el ambiente de trabajo más colaborativo e informal en mi país.

Es un hecho que todos tenemos la capacidad para lidiar con situaciones negativas y obstáculos con su correspondiente carga emocional, pero no es fácil. En otras palabras, para lograr superarse en este país, no es suficiente trabajar bien y duro, sino que hay que equiparse de un caparazón impenetrable para evadir las avalanchas y aceptar lo que no podemos cambiar. A pesar de todo, sigo adelante con dedicación y he logrado hacer contribuciones significativas de tipo académico y profesional, lo mismo que a nivel de servicio. No puedo negar que también he experimentado el calor humano que viene de la verdadera amistad tanto personal como profesional de ambos grupos culturales. En unos pocos años pienso jubilarme de la Universidad de Clemson y planeo

Déjame que te cuente...

disfrutar, al lado de mi esposo e hija, de una vida libre de estrés y llena de promesas positivas que nos conlleven a un futuro feliz. Y, el tiempo sigue pasando...

Destiny and Labyrinths

Clementina Adams

And, the eagerly awaited day arrives; early in a new year a new star shines and there are smiles of happiness at Julio and Aura Rodriguez' home. Capricorn, with its space entourage, places her firmly on earth and endows her with a strong and adventurous spirit of self worth and independence. She enters with a powerful cry of protest for a new world too bright, dry, and noisy. And, she is baptized "Clementina." She grows up in a loving home with family dinners and celebrations, sports activities and family games directed by her father. Happiness is a constant part of her life, surrounded by five brothers and a younger sister; obviously, there are occasional adventures and episodes of mischief; but nothing could block the happiness of this powerful group of siblings, relatives and friends.

Clementina's horizon expands when her grandmother, Carmela Tette, takes her to her hacienda in Rio Frio, Magdalena State. It is a magical place beside a spacious body of water, where the moon and the stars team up with the ocean waves to create imaginary figures: trains and buses that as whales and dolphins submerge and came up playfully. In the hacienda she makes friends with two sisters with whom she plays frequently; however, if they are not available, the trees that surround the hacienda, become her neighbors, once personalized with dresses made of newspaper and tied with ropes.

Clementina begins her formal education at a very early age. Later, she completes her teaching degree at Normal de Fatima, a private Catholic school. There she feels attracted to the religious life, but given her young age she is not allowed to join the convent without her parents' consent. Her personality, dynamism, sense of humor, and contagious laughter attract a large number of friends in and out of school; and allows her to participate in a variety of activities and sports. At school, she enjoys the love and respect of classmates, teachers, and nuns. Her innocent mischievous adventures are part of her school life.

Among her many friends, she has a special group, a kind of sorority, of six to eight friends; Lydia, one of them has been her friend since elementary school. They both attend high school together, where they excel academically, and are part of press and literature clubs. They publish poems and essays. Once they receive their Degree in Pedagogy, they begin working in the education field, Lydia in an urban elementary school and Clementina as a kindergarten teacher at the same school from which she graduated. On one occasion, their conversation turns to their near future.

Professor Aurora Padilla, one of their favorite teachers, becomes the focus of their conversations about graduate studies and their future. With Professor Padilla's help they obtain an audience to talk with the State Governor. After several meetings and seemingly endless paperwork, the Governor creates a decree that allows those two friends to work on a modified daily schedule in their schools, from 7:00 a.m. to 1:00 p.m. They are both accepted at the State University of the Atlantic with the two highest scores on the entry exam. Later on, there is an academic movement to create two daily school schedules (from 7:00 a.m. to 1:00 p.m. and from 1:00 p.m. to 7 p.m.) in all schools in the Atlantic State; a movement that expands later to the whole country. Clementina starts her new life as a kindergarten teacher plus college student; new friends, adventures, and love interests, honors, and awards; and finally graduation day at the Atlantic University with a Master's Degree in Hispanic American Philology, Culture and Literature; with a minor in English as a Second Language.

At that time, new pilot high schools are established in the main capitals of every state in Colombia, with advanced pedagogical and technological designs; the new schools are called, the National Institute of High Schools (INEM). The institutes are modeled after colleges in the United States, with spaces dedicated to administration, laboratories, classrooms, workshops, gyms, sports fields, and a cafeteria. There are several blocks of buildings according to each specialty, as well as a very attractive campus. The highest ranked graduates from Atlantic University are invited to be part of the teaching body, and Clementina is one of the selected ones. She works there for three years, one year as a languages professor and the other two as coordinator of the Department of Foreign Languages. In spite of her initial refusal to become coordinator, she begins with some trepidation, but manages to do an outstanding job, with the total cooperation of the faculty members and the school administrators.

During her time at INEM, Clementina meets a good number of professors in her own and other departments; some of them express their romantic interest in her. However, as a bad karma, her initial interest in a romance seems to decline after a short period of time, two or three months at most, when the relationship becomes more serious. Little by little, she gets away from the situation long enough to begin a new romantic drama. She keeps on fleeing from serious relationships. One of her admirers, a college classmate, is very insistent, in spite of Clementina's indifference. His sincere and timeless persistence convinces her that real love actually does exist.

She starts to have peculiar dreams that take her to faraway places like New York. In the dream, she walks in her own backyard and upon reaching the back fence, she steps into the city with its high-rise buildings, traffic, stores, and advanced technology –just like in the movies. This dream reappears several times and her mother interprets it as a possibility that one day she would visit New York. Destiny seems to take Clementina through unexpected and intriguing labyrinths: her good friend and colleague at INEM, Julia Rodriguez, Director of Counseling, manages to get Clementina to sign an already-completed application form for a scholarship

Déjame que te cuente...

offered by the Organization of American States (OAS) to select two professionals from among the 24 States in Colombia, to study in a Masters degree in Educational Technology. The following day, Clementina goes to an interview with the Director of the Colombo-American Institute. And, it happens that after the interview, the Director takes her to another office where she takes the required test, "ALIGU." She is one of the two professionals selected from Colombia. In March 1973 she arrives in the United States, first in Miami and then in Tallahassee, Florida, to study at Florida State University (FSU). The group of scholars includes students from Chile, El Salvador, Argentina, Costa Rica, Venezuela, Brazil, and Colombia. From the beginning, they become close friends and have frequent gatherings either to taste each others' typical dishes or to enjoy very animated parties, accompanied by dancing to typical music from the various countries. At FSU, her main obstacle is the language, especially the spoken part, although she has a better mastery of reading and writing in English. It is a tough semester that she manages to complete with dedication and diligent study, especially, from the textbooks. She improves her English proficiency by listening to the radio and watching TV, focusing on soap-operas, plays, movies, and detective shows. Fortunately, she finishes the semester with high grades in every class.

During her time at the university, Clementina meets many classmates and professors of diverse nationalities, including Europeans, North Americans, and Asians; among them a Persian student, who was a prince in his country. Some of them express a romantic interest, but Clementina is aware of her bad karma. At that same time, she meets Paul Adams, a professional photographer and a student of Asian Studies. This becomes a great romantic adventure for Clementina, who continues the relationship with enthusiasm, even after the dreaded three initial months. She feels happy and secure with Paul and together they enjoy a tender romance that is not threatened by desires to end the relationship in search for new ones. It looks like Paul finally has stolen her heart. However, destiny and its intricate labyrinths conspire to put an end to her new special feeling, very possibly her true love. And, time goes by...

At mid semester, aware of her impending return to Colombia and the impossibility of a future with Paul, Clementina starts moving away from him and decides to date other students. Again, the vicious circle reappears: enjoyment of the blooming romance follow by the habitual disillusion. After one of her classmate's suggestion, Clementina decides to consult this classmate's father, who is the university counselor. There, three different psychologists do the intervention and they all conclude that her problem is "an aversion or phobia to serious relationships or marriage." They decide that the reason lies in her years as a kindergarten teacher, where her older colleagues use her as a chaperon when going out with their respective boyfriends. Although she loves the couples and enjoys their company, she feels sad, frustrated and depressed, when they break up. Then, she tries to console them; unable to understand the boyfriends' infidelities and deceit. The psychologists recommend that upon her return to Colombia, Clementina find a steady boyfriend, even if she is not in love with him, and keep the relationship for at least a year, even when she feels like running away. They reassure her that after that year, she will be ready to accept a more permanent relationship or go ahead and find a steady boyfriend. Preparing for her return to Colombia, Clementina faces the sadness of her definite separation from Paul. She knows that she has to return home and Paul has plans to go to Japan with a scholarship. Also, as another obstacle, his family home was in Boston, Massachusetts. She does not even say goodbye to Paul, and time goes by...

Back in Colombia, she enjoys time with her family and close friends. One day, while showing the hundreds of pictures from her time in the USA, unexpectedly, one of Paul's pictures appears in the slide show, followed by the question: Who is that guy? And Clementina replies for no apparent reason "Oh, that is the love of my life."

While wondering about her future in Colombia, to her surprise

Déjame que te cuente...

and amazement, she receives a telephone call from Dr. Arturo Garzon, an OAS representative, who urges her to come to Bogota and to work for him as his counterpart in the Center for Multinational Educational Technology, located at the Colombian National TV station, Inravision, which is also the site for the Distance Education Program. She works with Dr. Garzon on the evaluation and improvement of educational television programs. Later, the Center moves to the National Ministry of Education, and Clementina continues to work as a member of the OAS consulting team. This is another national team responsible for the evaluation and supervision of the national educational programs. Later on, she becomes part of a professional team of volunteers who work on the evaluation, revision, and redesign of the educational system, kindergarten to 12th. grade, at the national level. The work is intense and time consuming but it results in a proposal for a new educational program. The program will be based on needs analysis and will follow all the steps of a proven instructional design model. The centralized educational model takes into account regional and cultural differences on each state in the country. And, time goes by....

Following the psychologists' suggestions, Clementina finds a boyfriend in Bogota, and keeps the relationship for almost a year, in spite of her desire to quit. Things look better when she meets Luis, a young lawyer, who works for the Ministry of Education. The relationship grows, filled with tenderness, understanding, and love, without problems. It even goes past three months. It looks like she has finally found love; unfortunately, destiny seems to have a different path for them.

At work, the proposal for the national curriculum is approved; with Luis she celebrates the event with champagne and wedding plans for the end of the year; however, destiny seems to have different plans for them. The Director of the Ministry of Education decides to send Clementina back to FSU to obtain a Ph.D. in Instructional Systems, sponsored by the OAS. The idea is to have her trained with the latest instructional and technological advances to effectively serve in the implementation of the recently approved, National Educational Curriculum. This time, Clementina is not interested in going back to the USA, because now she has found her true love. Unsuccessfully, she struggles to free herself from that assignment; she cannot bear to be away from Luis. Sad and frustrated, she informs Luis of the situation, and he reacts, as expected, upset and opposed to the idea. After frequent arguments and frustrations, especially, since the departure date was upon them, Luis proposes that they get married right away, and to postpone the honeymoon until December when he would meet her in Tallahassee. Finally, he realizes that he does not have any choice in the face of Clementina's logical arguments. They promise to keep in touch daily, in any way possible, and in the meantime, he will work on planning the best possible wedding, with her family's help. Both families are sad when they hear the news but they trust that in six months they will be together forever. And, time goes by...

Clementina arrives in Tallahassee, in June 1976, the next day Paul, her previous boyfriend, reappears in her life. After the initial shock, Clementina's heart seems to beat with happiness, very unexpectedly. A new labyrinth opens up in her life; she knows she has to tell Paul the truth about her engagement to Luis. When she does, Paul convinces her that they should continue seeing each other as friends. The labyrinth grows deeper because of the constant letters and postcards coming from Luis; letters filled with love, tenderness, hopes, and anxiety for her return.

A year goes by full of internal turmoil; she tries to delay the response to Luis's letters; but this backfires when she receives his new letters full of anguish and concern for her delay. Another problem is that she cannot talk about her situation with her family since they have been busy preparing for the upcoming wedding. She asks her friends for advice, but when they mention cultural similarities as a decisive factor to choose Luis, her heart cries for Paul and when they suggest that she choose Paul, her heart cries for Luis. What a dilemma! And, time goes on...

Déjame que te cuente...

Close to her return trip to Colombia, to spend a vacation with her family, Consuelo, a friend from Venezuela, overwhelmed by Clementina's constant stress and headaches, says to her "You need to stop feeling bad for the one you do not select; the only one suffering here is you. What you need to do is go back to Colombia and talk to Luis in person; this is the only way you can be sure if you love him, away from Paul." With difficulty she manages to convince Paul of the importance of her trip to see Luis, before making any decision; otherwise if they stay together and later on have problems, she will always wonder if she made the right decision.

In Colombia, at a family meeting and with the help of pictures of Paul and his family, Clementina explains her situation. Her words are followed by a sepulchral silence and after a few minutes, that seems like an eternity, her father says firmly and wisely: "I understand your dilemma and spite of the fact that we know and love Luis; the decision is in your hands and your future happiness depends on it." Everybody agrees and they wish her the best.

Clementina travels to Bogota to put an end to her cruel dilemma. Once there, when she sees Luis waiting for her at the airport with a beautiful bouquet of roses, her only desire at that moment is to go back to Tallahassee, to Paul, the real love of her life. Clementina, at her father's request, does not tell Luis the truth about the break up. She justifies the split as the problems of the physical distance between them with the possibility that she may have to stay for a longer period of time. She insists that it is better for both of them to have the opportunity to settle down and to allow destiny to bequest the possibility of a future together for the two of them. Difficult moment, as it was, but now she knows without a doubt that her love is for Paul; a new labyrinth opens up for her and Paul together. And, time goes on…

Paul and Clementina get married in Tallahassee, on June 11, 1977, in a traditional Catholic ceremony witnessed by university professors, classmates, friends, and the group of international scholars with whom she has studied. By 1978, Clementina and Paul finish the coursework for their Ph.D., with the exception of their dissertations. In agreement with the terms of her scholarship, she and Paul move to Bogota, Colombia. There, Clementina continues to work for the Ministry of Education and very soon she is invited to work for the National Secretary of Education as Chief of the Educational Planning and Programming Office; while Paul works as a Teacher of English as a Second Language at the Colombo-American Institute, under the American Embassy. And, time goes on…

By 1980, thanks to a special waiver, Paul and Clementina return to the United States to establish residence; first, they arrive at Paul's family home in Boston, Massachusetts; where they stay for three months; from there to the metropolitan area of Washington, DC. There, Paul begins working for Gallaudet University as a full time faculty member and an instructional designer and Clementina as a consultant in the same area and as a professor of Spanish. They learn American Sign Language (ASL). The most important event for the couple is the birth of their only daughter, Lauren. They have a warm and happy home; of course Clementina learns to deal with cultural differences.

In Washington, Clementina finishes her doctoral dissertation and defends it in Tallahassee, in 1984. After five years in Washington, they adventure to Fairbanks, Alaska; Paul has been invited to work as Coordinator of Instructional Technology and Distance Education at the University of Alaska-Fairbanks. Clementina divides her time between caring for Lauren and teaching Spanish at the same university. They enjoy almost two years of peace and happiness, surrounded by the beauty of the snow, the northern lights, the bears and eagles, the birch and pine trees, the people with a great sense of community, and the native festivities and traditions. With a very good salary they enjoy a great life. They leave Fairbanks due to the oil economy crisis in 1986, when thousands of families lose their jobs and have to leave the state.

Déjame que te cuente...

In 1986, the Adams family arrives in Columbia, South Carolina; this time Paul works for the University of South Carolina as Director of Instructional Development in the Distance Education Program; Clementina takes French classes at the University and takes care of Lauren. That same year, Clementina is invited to work as a member of the Evaluation Unit at the South Carolina State Department of Education. In 1989, they go to Clemson University: Paul is appointed as an Instructional Designer in the Distance Education area and Clementina works as a visiting professor in the Department of Languages. The Adams family settles down in the university city of Clemson, where Lauren grows up and finishes her elementary, middle, and high school years. She attends college at the University of South Carolina-Columbia, two hours from Clemson; earns a State of South Carolina STAR scholarship, and graduates with double majors in Anthropology and Sociology, with a minor in Spanish. For Christmas vacations, the family travels to Colombia to spend time with the family. One very important event for Clementina is the annual reunion and dinner with her university classmates who meet to exchange updates on their lives; the forever friends: Lydia, Magali, Ceres, Berta, Isabel, Eduardo, Edgardo, Oscar, Victor... as well as a group of their professors. The group has met annually for more than thirty five years. And, time goes by...

During her time in the Department of Languages, Clementina organizes, plans, and coordinates a variety of programs, such as teaching Spanish, French, and German, as a Second Language to elementary school children in the area; with the collaboration of professors of other languages as well as advanced level students. Another of her initiatives is the implementation of the program of American Sign Language (ASL) as part of the department's offerings, which becomes very popular at the university. She also initiates and coordinates the efforts to develop a new language major: "Languages and International Health" (L&IH). This adventure takes a couple of years before the final approval by the Department, the University, and the Council of Higher Education (CHE). At the same time, she earns a Certificate of Spanish for Health Interpreting by "Hablamos Juntos" in San Francisco, California, supported by Kaiser Permanente and South Carolina state hospitals. She is then appointed Interim Director of the L&IH program that flourishes and attracts a good number of honor scholars at a national level. Other services to the Department include the design of a variety of Spanish, Culture, Literature, and Spanish for Health courses; as well as the basic American Sign Language courses. During this same span of time, the family celebrates Paul's successful completion and defense of his doctoral dissertation at Florida State University.

Clementina's research work is focused on the critical literary analysis of Hispanic and Afro-Hispanic women writers; from this endeavor she publishes her first book *Common Threads: Themes in Afro-Hispanic Women's Literature*. Her research production includes more than thirty five articles and book chapters published in refereed journal and books and as selected conference proceedings, both at the national and international levels. Her second book is *Referencias Cruzadas: Obras seleccionadas de Luis Enrique Jaramillo Levi* (Cross References: Selected Works by Luis Enrique Jaramillo Levi), co-written with Elba Bimirgham-Pokorny. Clementina then moves into the area of socio-political and revolutionary literature by Hispanic women authors and a new book is published *Rebeldía, Denuncia y Justicia Social: Voces Rebeldes de Mujeres Hispanoamericanas* (Rebellion, Denouncement and Social Justice: Strong Voices of Hispano-American Women) in collaboration with a special group of authors and literary critics. She attends literature and culture conferences and continues writing articles. Her research work expands to the use of technology in teaching, the use of medicinal plants, and research on the life of Hispanics in the USA. Currently, after almost thirty years since her arrival in the United States, Clementina reflects:

> *Looking back, filled with nostalgia, I remember my childhood; how lucky I was having parents so special: my mother, a precious pearl, who guided us with love, faith and discipline, to be able to face and solve*

Déjame que te cuente...

life's problems and inconveniences; and my father, our rock of salvation, strong, loving, and imbued with unique patience and honor. Leaving such a happy and united nest was not easy, but after marrying Paul, I accepted with eagerness the new challenge of my destiny.

With enthusiasm, dreams and energy I wanted to immerse myself in the North American culture, both physically and emotionally. After Washington, we enjoyed Alaska's great adventure; a marvelous place, a snowy Christmas dream, with the northern aurora borealis, and its majestic geography, and exotic flora and fauna. Finally we reached our more permanent destination, South Carolina, first in Columbia and then in Clemson. In South Carolina, I enjoyed my teaching, services, and research activities; unfortunately, for the first time, I experienced cultural discrimination, excessive competition at work, and the jealousy among colleagues, especially at the State Department of Education and, to a lesser degree, at Clemson University.

In my opinion, the biggest cultural difference in the job environment lies in the fact that in the United States, competing, trying to achieve higher levels, and fear of failure, causes people to ignore or reject collaboration; while in Colombia, there is a more informal, relaxed, and collaborative work environment. It is a fact that we can all manage to handle negative situations and obstacles, with their accompanying emotional toil, but it is not an easy task. In other words, in order to succeed in this country, it is not enough to work hard, but we need to equip ourselves with a strong shield to protect against avalanches and to accept patiently what we cannot change. However, we need to continue fighting injustices and humiliations, and to continue to perform the best we can and to offer alternative solutions.

In spite of all, I have continued to work with dedication, and I have been able to overcome the obstacles and provide significant contributions both academic and research oriented, as well as a strong record of service, and service learning activities and projects. I have to admit that I have also experienced the human warmth that comes from real friendships not only at the personal but also at the professional levels, from both cultural groups. In a few years I will retire from Clemson University and plan to enjoy a stress free life with my husband and daughter, full of positive dreams and a happy future. And time keeps going on...

Trayectos de mi vida

Rita Tejada

Llegué a los Estados Unidos como becaria Fulbright-Laspau en enero de 1991. En ese entonces mi sueño era hacer una Maestría en Literatura Española del Siglo de Oro, con tan poca suerte que, cuando fui a Emory University, los profesores que enseñaban dichas clases estaban de año sabático. Terminé estudiando literatura latinoamericana. Quise escribir algo que elevara el nivel de la crítica literaria dominicana y mi tesis de maestría se basó en un análisis feminista de las variantes dominicanas del romancero español.

Al terminar mis estudios regresé a la República Dominicana. Cuando volví a mi país, encontré una crisis institucional muy fuerte en la universidad que había patrocinado mi carrera. Se había cerrado el área de Educación en Filosofía y Letras, para la cual se me había ofrecido trabajo y entonces empecé a enseñar clases de español para extranjeros. Por circunstancias personales, regresé a los Estados Unidos a finales de 1993. En el verano de 1994, ingresé al programa de doctorado en Florida State University. Desde 1995 he vivido en Decorah, un pueblito en el noreste de Iowa, donde enseño español y literatura en Luther College. La ubicación del pueblo y de mi trabajo no podría ser más ideal para una madre con dos hijas adolescentes. El único gran problema es el clima frío. En esta universidad empecé como instructora, enseñando todos los cursos de español a nivel elemental. Ahora enseño cursos de conversación, gramática y seminarios de literatura. También tengo la oportunidad de viajar en enero con grupos de estudiantes que necesitan el requisito de inmersión para completar una concentración en español. En este "semestre intensivo" he llevado estudiantes a

Déjame que te cuente...

la República Dominicana, Perú, España, Argentina y Chile. Hace tres años que he servido como profesora acompañante en viajes de misión que los estudiantes de la universidad hacen durante el receso de primavera. Estos viajes me han permitido viajar a México, la República Dominicana, Nicaragua y Panamá con grupos de ocho a diecisiete estudiantes que realizan trabajo voluntario de diversa índole: pintan escuelas, ayudan en la construcción de iglesias, visitan orfanatos y dan clases de la Biblia para niños en zonas marginadas. Lo más gratificante de mi experiencia como profesora es ver el crecimiento intelectual y personal de los estudiantes durante los cuatro años que están en la universidad y ver cómo mi compromiso crece por la influencia que mi trabajo ejerce en ellos.

Ser mujer y parte de una minoría étnica en la comunidad en que vivo me hace sentir que tengo una mayor responsabilidad de representar a los hispanos y a la mujer latina de una manera positiva. También, y a pesar de la distancia, siento la necesidad de seguir haciendo aportes a la literatura dominicana a través de investigaciones, presentaciones en conferencias y publicaciones. En el año 2007 gané el Premio Nacional de Ensayo Pedro Henríquez Ureña en la República Dominicana con la publicación de mi tesis de maestría bajo el título *Mujeres, Eros y Tánatos en el romancero dominicano*. La distancia física entre el lugar donde resido y mi país ya no es un escollo, al contrario; siento que contribuyo tanto o más a la literatura dominicana desde mi posición espacial y profesional en este país. Aunque las circunstancias personales me han traído hasta aquí, espero que mi vida sirva de ejemplo a mis hijas, para que se sientan orgullosas de sus raíces latinas, su idioma, su música y su cultura.

Journeys of my Life

Rita Tejada

In January 1991 I came to the United States with a Fulbright-LASPAU Scholarship. At that time my dream was to pursue a Master's Degree in Golden Age Spanish Literature. I discovered when I went to Emory University, however, that the professors who taught those classes were on sabbatical. Therefore, I decided to study Latin American Literature. I wanted to write something that would raise the level of Dominican literary criticism. My master's thesis was based on a feminist analysis of the Dominican variants of Spanish ballads.

When I finished my studies and returned to the Dominican Republic, I found an institutional crisis at the university that had sponsored my studies –the field of studies for which I had been offered a job was closed. Instead, I started teaching Spanish classes for foreigners. Because of personal circumstances, I returned to the United States in late 1993. In the summer of 1994, I entered the doctoral program at Florida State University. Since 1995 I have lived in Decorah, a town in northeastern Iowa, where I teach at Luther College. The town location and my work could not be more ideal for a mother with two teenage daughters. The only problem is the cold weather.

At Luther College I began as an instructor, teaching all Spanish courses at the elementary level. Now I teach courses in conversation and grammar, as well as literature seminars. I also have the opportunity to travel in January with groups of students who need to complete the immersion requirement for a minor in Spanish. In this "intensive course" I have taken students to the Dominican Republic, Peru, Spain, Argentina, and Chile. For four years I have

Déjame que te cuente...

served as a faculty sponsor for mission trips that the college students go on during spring break. These trips have allowed me to travel to Mexico, the Dominican Republic, Nicaragua, and Panama with groups from eight to seventeen students. They do various kinds of volunteer work, including painting schools, helping to build churches, visiting orphanages, and directing Bible School for children in marginalized areas. The most rewarding part of my experience as a teacher is to see how the students grow intellectually and personally during their four years in college and how my efforts to inspire them develops my own teaching commitment.

Being a woman of an ethnic minority in the community where I live makes me feel that I have a greater responsibility to represent the Hispanics and Latino women in a positive way. Despite the distance, I feel the need to continue making contributions to Dominican literature through research, conference presentations, and publications. In 2007, I won the National Essay "Pedro Henriquez Ureña" Prize in the Dominican Republic with the publication of my master's thesis under the title *Women, Eros, and Thanatos in the Dominican Ballad*. The physical distance between the place where I live and my country is no longer an obstacle; on the contrary, I feel that I contribute as much or even more to Dominican literature from my position and in this country. Although personal circumstances are what brought me here, I hope that my life sets an example to my daughters, so they can feel proud of their Latino roots, their language, music, and culture.

Volver

Nelda Arroyo

Estaba escrito que mi destino era *volver*... mi hermana Yolanda vivía en Chicago, Illinois y estaba muy delicada con problemas cardiacos y con un niño recién nacido. El resto de la familia estaba en Monterrey, México de donde somos originarios. Mi mamá se moría por ella y mi papá accedió a aceptar un empleo que le ofreció mi cuñado en los Estados Unidos, así es que empezó a tramitar los documentos necesarios y nos convertimos en residentes de este país.

Era el año de 1956 cuando a la edad de once años me alejaron de mi vecinito Alejandro de quien estaba "enamorada" para traerme aquí. En Chicago pasé unos años maravillosos y fue ahí donde me recibí de Loyola University de Psicóloga Infantil. Fue también ahí que tuve mi primer novio formal, Enrique, a los quince años. Y después de varias relaciones sin mucha importancia, conocí al hombre que marcaría mi vida para siempre... José Antonio. Era mucho mayor que yo, y después de varios meses de relación y por escuchar consejos de otros y NO a mi corazón, terminé con él pues me dio miedo la diferencia de edades:¡veintidos años! Al cabo de unos meses, regresó de Sudamérica donde él radicaba y al verlo corrí hacia él para decirle que me había dado cuenta que él era el amor de mi vida... solamente me contestó: "Ya me casé y estamos esperando mi primer hijo". No sé si porque fue un amor imposible, pero se quedó grabado en mi corazón para siempre... y yo en el de él hasta que murió.

Un par de años después, mi padre, a quien no le gustaba viajar en avión, me llamó a mi oficina para comunicarme que no se sentía bien y que quería que lo acompañara a Monterrey diciéndome: "No me quiero morir lejos de mi país". Allá murió un 6 de enero por lo que mi mamá también quería volver a Monterrey, y con ella iría yo por ser la única de mis cuatro hermanos que quedaba soltera y con veinticuatro años. Así que dejé mis sueños, parte de mis estudios, mi enamorado, mis amistades y un trabajo que adoraba por seguir a mi madre ya que me sentí con la responsabilidad de acompañarla en su nueva vida sin mi padre. Fue muy duro para mí dejarlo todo, pero sentí más fuerte el compromiso moral con mi madre. Nunca lo pensé dos veces. Y gracias a ese "sacrificio" conocí al amor de mi vida y a quien me dio cinco hijos maravillosos y por quien también me reincorporé a la universidad donde me recibí de psicopedagoga. ¡Y me embarqué en este maravilloso mundo del aprendizaje! En 1999 me jubilé en Monterrey después de tantos años.

En esa linda ciudad estuve desde 1968 hasta 2001, fecha en el que durante una visita a mi hijo y a mi nuera en Brownsville, Texas en espera de su segundo hijo, por azares del destino y sin andarlo buscando, me ofrecieron un trabajo de maestra en la única preparatoria privada de todo el Valle de Texas. Y recordé las palabras del director de la institución en la que fui maestra por más de veinte años: "Una vez maestra, siempre maestra…" Acepté el reto de ser docente en un país extraño al mío, en el que yo había recibido toda mi instrucción educativa… y encontré que cambia uno de escenario, no de personajes, que los alumnos son iguales en todo el mundo, con sus mismos modos, con sus mismos defectos y virtudes, pero sobre todo, con los mismos sueños de terminar para hacerse "grandes", sin comprender nunca que para nosotros, los docentes, siempre fueron GRANDES.

Y debido a este suceso y a que un 6 de enero también perdí a mi compañero de vida, fue que *volví* a este país que me ha dado tanto y que gracias a Dios hasta él me han seguido tres de mis cinco hijos.

Ahora lejos de la tierra que me vio nacer, donde pienso terminar mis días, añoro a mi querido México, pero no porque no pueda visitarlo, sino porque he perdido al México que conocí. El país en el que crecí con una hermosa libertad donde jugábamos en la calle hasta que caía la tarde y corríamos a la tienda de la esquina a comprar golosinas, mientras nuestros padres se mecían en la puerta al son de cómodas mecedoras sin comprender en ese entonces los días tan entrañables que vivíamos, y por los que todos los mexicanos rezamos para que nuestros hijos y nuestros nietos puedan algún día volver a conocer. Sentir y vivir esa paz que le da calidad de vida al ser humano.

An Inevitable Return

Nelda Arroyo

It was written that my destiny was *to come back*... my sister Yolanda lived in Chicago, when I was a little girl with serious health problems and she had just had a baby. The rest of the family resided then in Monterrey, Nuevo Leon, Mexico. Mom suffered day and night because of my sister's condition and finally dad accepted a job that he was offered in the United States, by my brother-in-law. My dad worked on the documentation and that's how we became US residents.

And, at eleven years old, in 1956, they took me away from my puppy love and neighbor, Alejandro, to bring me to this country. I spent wonderful and unforgettable years in Chicago where I graduated from Loyola University as a Child Psychologist. It was there that I also had my first "formal" boyfriend, Enrique, at the age of fifteen. And after various non-transcendental boyfriends, I met the man that was to mark my life forever: José Antonio. He was much older than I, and after several months on the relationship, and because I listened to other people's advice and NOT to my heart, I ended our relation... the age difference –twenty two years!, frightened me. We were to meet once again months later when he came back from South America, where he lived, and when I saw him I was certain that nothing could keep me away from him. I remember he let out a soft scream and said "No, why? I begged you..." then he uttered the words that I was never to forget for the rest of my life: "I'm married and we're expecting our first child". I don't know if it was because he was an "impossible love", but his memory stayed in my heart forever... and I in his until he died.

A couple of years after that, my dad, who hated to fly, called me at work to tell me that he wasn't feeling too well and asked me if I could go with him on the flight to Monterrey telling me then, "I don't want to die far away from my country." He died a few days later in "his country" and my mother wanted to go back to Mexico for good "to be near him." And as a good Mexican girl, on top of being the youngest and the only single daughter, I followed the customs and I went back with her. I was twenty four years old.

So I left my dreams behind, my lover, my friends and a job that I adored to be with my suffering and lonely mother, since I felt my responsibility was to offer my company in her new life without dad. It was very difficult for me to leave it all, but my moral responsibility was stronger. I never gave it a second thought. It was thanks to this "sacrifice" that I met the love of my life, who gave me five wonderful children, and for whom I went back to the University in Monterrey to finally graduate as an Educational Psychologist. And this is how I embarked in the marvelous world of teaching! I worked as a teacher in Monterrey for over twenty years. I retired in 1999.

I resided in the industrious and beautiful city from 1968 to 2001. It was in this latter year that while visiting my son and daughter-in-law in Brownsville, Texas because of the birth of their second son, I was offered a teaching job in the only private high school in the entire Texas Valley. I hesitated to take it because I was already retired, but then I remembered the words of my dear ex-principal, "Once a teacher, always a teacher", so I accepted the challenge of teaching in a country, away from mine where I had learned all my teaching abilities… but I thought at the time "kids are kids" and discovered also that you may change the scenery, but never the characters… that kids are the same all around the world, with their teenage attitudes, with the same virtues and faults, but above all, the same dreams of becoming "bigger" (older), although never understanding that to our teacher's eyes they were perfect as they were, they were always BIG.

Due to this job offer and to the fact that on a 6th of January also

Nelda Arroyo

I lost my partner in life, I came back to this country that has given me so much. I'm also grateful to life that three of my five children have followed me here.

Now, far away from the land that first saw me exist is where I intend to spend my last years. I long for my dear Mexico, not because I'm not able to visit, but because I have lost the Mexico that I once knew. The country where I grew up in complete freedom and safety where we played on the street until sunset; where we would run to the corner store to buy treats while our parents would rock by our door to the rhythm of comfortable rocking chairs without realizing then what marvelous times those were! Times, for which we all Mexicans pray so that our children and grandchildren can one day enjoy, live and feel the peace that gives quality to a human being's life.

Recuerdos de mi madre

Andrea Hansis-Diarte

Mi madre, Aurora Blanca María Coccato Nenning, llegó a Estados Unidos por primera vez en agosto de 1967. Ella viajó a Miami, Florida y una semana después llegó en autobús a Eau Claire, Wisconsin. Vino a mejorar su inglés y a aprender más sobre la cultura americana. Ella participó en un programa de intercambio llamado Instituto de Amistad (Amity Institute), que fue fundado por Ernest y Emily Stowell. El Instituto Amity continúa patrocinando educadores internacionales para enseñar en escuelas de Estados Unidos, ofrece oportunidades para que compartan sus conocimientos con estudiantes, escuelas y comunidades.

Mi madre estaba estudiando para ser profesora de inglés en la Universidad Nacional de Cuyo en Mendoza, Argentina, cuando uno de sus profesores le contó del programa de intercambio de profesores. Durante la secundaria fue al Colegio Superior del Magisterio en Mendoza, que la preparó para ser maestra de escuela primaria. Su amor por la enseñanza y el inglés comenzó desde muy temprana edad. Mi tío abuelo –su tío favorito Amado Coccato, también fue profesor en Paraná, Entre Ríos y él fue su inspiración de querer enseñar. De chica sus vecinos eran de los Estados Unidos y trabajaban en la refinería de petróleo de YPF. Su padre, mi abuelo Manuel Tomás Coccato también trabajaba en YPF. Su trabajo era asegurarse del funcionamiento de toda la maquinaria. Él nació en Paraná, Entre Ríos –hijo de inmigrantes italianos.

Los padres de mi abuela Raquela Nenning también fueron inmigrantes y ella nació en Herradura, Formosa. Su padre era austriaco y su madre se quedó huérfana en Uruguay por lo que fue adoptada por una monja, que la llevó a vivir en un convento de

Déjame que te cuente...

monjas en Buenos Aires.

Mi madre, o como yo la llamaba "mami", nació en Paraná, Entre Ríos el primero de noviembre de 1943. Mi abuelo trabajaba en esa época en la marina mercante y viajaba por el río Paraná desde Buenos Aires hasta Asunción, Paraguay. Conoció a mi abuela en Formosa, Argentina, que hace frontera con Paraguay. Poco después de nacer mi madre, la familia se trasladó a Buenos Aires y un par de años más tarde se mudaron a Mendoza. Mi tío Miguel y mi tía Patricia siguen viviendo en Mendoza, ciudad que se encuentra a los pies de la Cordillera de los Andes y está rodeada de viñedos y árboles frutales.

Después de una semana de entrenamiento en Eau Claire donde también conoció a mi padre Tom Hansis, casualmente en casa de mis abuelos, Virginia y Gail Hansis, se dirigió a Thorp, Wisconsin, donde iba a enseñar español en el colegio secundario del pueblo. Ella también empezó a salir con mi padre y ahorró su dinero para comprarse un coche para que pudiera visitarle a mi padre en Madison, donde él estaba estudiando en la Universidad de Wisconsin. Ella vivió con la familia Postler y Mel Postler también fue profesor en el mismo colegio secundario. Enseñó español por dos años en Throp y pudo compartir su conocimiento y cultura. Enseñó a sus alumnos cómo hacer alfajores (galletitas de maicena rellenas con dulce de leche) y también empanadas de carne molida. Típicamente las empanadas mendocinas son hechas al horno y no fritas como en otras provincias de Argentina. Después de terminar regresó a Mendoza, Argentina, donde trabajó como intérprete en la refinería de petróleo YPF. Mientras que mami estaba en Mendoza y mi padre estaba en Honduras se mantuvieron en contacto escribiéndose cartas. Se casaron el 27 de noviembre de 1969 en Mendoza, y mami se fue a vivir a Catacamas, Olancho, Honduras, donde mi padre estaba como voluntario del Cuerpo de Paz. Ella enseñó en el colegio secundario local durante varios meses y cuando se mudaron a la capital, Tegucigalpa, enseñó primer grado en una escuela bilingüe. En junio de 1971, mi padre terminó su servicio en el Cuerpo de Paz y viajaron a Puerto Rico donde mi padre iba a trabajar como entrenador del Cuerpo de Paz en el centro de entrenamiento en Ponce, Puerto Rico. Mami enseñó en la Escuela Sagrado Corazón. Estaba embarazada y yo llegué el siguiente año en enero de 1972.

Desde Puerto Rico mis padres aventureros viajaron por América del Sur conmigo –una bebita de dos semanas. Paseamos por Bogotá, Colombia; Caracas, Venezuela, Santiago de Chile y desde allí en autobús a través de la Cordillera de los Andes a Mendoza. Cuando llegamos a casa de mis abuelos yo estaba hambrienta y exhausta de todo el recorrido. Nos quedamos con mis abuelos durante unos seis meses, mientras que mis padres trataron de buscar trabajo, pero decidieron regresar a los Estados Unidos. Mami quería vivir en Mendoza, pero si tenía que vivir en Estados Unidos quería tener la oportunidad de regresar a Mendoza cada año. Una vez en los Estados Unidos vivimos primero en Encinitas, California, donde trabajó como asistente de maestro y luego nos mudamos a Miami, Florida. En 1975 mi hermano Daniel nació en Miami y mami también se hizo ciudadana de los Estados Unidos. Mami trabajó como profesora de español, así como asistente de maestro y también completó su Licenciatura en Pedagogía en la Universidad Internacional de Florida. A pesar de que ya tenía una licenciatura equivalente de Argentina, tuvo que cursar muchas materias de nuevo. Obtuvo su certificación para poder enseñar español y poco después, en 1986 nos mudamos a San Antonio, Texas. Enseñó español en tres escuelas de la ciudad y también completó su Maestría en Español en la Universidad de Texas de San Antonio en 1993. Se jubiló como profesora en 2005, después de treinta y ocho años de enseñar y realmente adoró a sus estudiantes.

A lo largo de su vida mantuvo muchas tradiciones argentinas en nuestra familia. Tocaba música folklore, nos cocinaba y me enseñó cómo hacer muchas de las comidas típicas y deliciosas también. En la víspera de Navidad siempre hemos hecho empanadas con vino Malbec. Y cada domingo hacíamos nuestro asado típico de costillitas, chorizos y pollo. También tomábamos mate y mate cocido en las mañanas frías de invierno. Mami estuvo muy

Déjame que te cuente...

involucrada en la organización Casa Argentina de San Antonio (CASA-San Antonio), donde ocupó diversos cargos en la mesa directiva. Ella pudo viajar cada año a Mendoza, así como el resto de la familia, por lo que pudimos visitar varias partes de la Argentina, incluyendo el lugar donde ella nació y donde mis abuelos vivieron. Disfrutamos las visitas a las Cataratas de Iguazú y el esquí en Bariloche –al sur de Argentina. También pude estudiar un semestre en el mismo colegio donde estudió mi madre.

Lamentablemente mami falleció el 17 de septiembre de 2011, pero deja tres nietos, mi padre, mi hermano y yo, que continuaremos su legado. Vivió su vida con amor y compasión por los demás y siempre tenía una puerta abierta para todos los que vinieran a nuestra casa. Incluso en los momentos más difíciles siempre tenía una sonrisa para compartir. A ella le encantaba invitar a los amigos a casa a comer. Ella siempre será recordada por su espíritu cariñoso, por ser bondadosa, amorosa, dulce, amable y encantadora, una persona que hizo que todos se sintieran especiales, principalmente a su familia.

Remembrances of my Mother

Andrea Hansis-Diarte

My mother Aurora Blanca Maria Coccato Nenning came to the United States for the first time in August of 1967. She flew into Miami, Florida and a week later arrived by greyhound bus in Eau Claire, Wisconsin. She came to improve her English and learn more about American culture. She came on an exchange program called Amity Institute which was founded by Ernest and Emily Stowell. Amity Institute continues to sponsor international educators to teach in US schools. Amity provides opportunities for global educators to share their knowledge with students, schools and communities. My mother was studying to be an English teacher at the Universidad Nacional de Cuyo in Mendoza, Argentina, when one of her professors told her about the teacher exchange program.

Before college she attended Magisterio Superior High School in Mendoza which prepared her to be a primary school teacher. Her love of teaching and English started from an early age. My great uncle, her favorite tio Amado Coccato, was also a professor in Parana, Entre Rios, and he was her inspiration for going into teaching. The neighbors where she grew up were from the United States and worked at the oil refinery YPF. Her father, my abuelo Manuel Tomas Coccato, also worked at YPF. He worked on making sure all the machinery was in proper working order. He was born to Italian immigrants in Parana, Entre Rios.

My abuela, Raquela Nenning, was also born to immigrant parents in Herradura, Formosa. Her father was Austrian; her mother was orphaned in Uruguay and adopted by a nun to live in a nunnery in Buenos Aires. My mother or as I called her "mami"

Déjame que te cuente...

was born in Parana, Entre Rios on November 1st, 1943. My abuelo was working at the time as a merchant marine traveling up and down the Parana River from Buenos Aires to Asuncion, Paraguay. He met my abuela in Formosa, Argentina which is located along the border with Paraguay. Shortly after mami was born, the family moved to Buenos Aires. A couple of years later they moved to Mendoza. My tio Miguel and tia Patricia continue to live there. Mendoza lies at the foothills of the Andes Mountains and is surrounded by vineyards and fruit orchards.

After a week of orientation in Eau Claire, where she also met my father Tom Hansis, coincidentally at my grandparents' (Virginia and Gail Hansis) house, she headed to Thorp, Wisconsin where she would be teaching Spanish at the local high school. She also started dating my father and quickly saved up her money to buy a car so that she could drive to Madison, where my father was studying at the University of Wisconsin. She lived with the Postler family; Mel Postler was also a teacher at the same school. She taught Spanish in Thorp for two years and got to share her knowledge and culture. She taught her students how to make *alfajores con dulce de leche* (shortbread cookies) as well as *empanadas al horno* (baked meat pies). In Mendoza, empanadas are typically baked and not fried like in other provinces throughout Argentina. After completing her two years in the program she returned to Mendoza, Argentina, where she worked as an interpreter at the oil refinery YPF. While mami was in Mendoza and my father was in Honduras, they stayed in touch by writing letters. She married my father on November 27, 1969, in Mendoza and joined him in Catacamas, Olancho, Honduras, where he was serving as a Peace Corps Volunteer. She taught in the local high school for several months and when they moved to the capital, Tegucigalpa, she taught first grade in a bilingual school. In June of 1971, my father completed his Peace Corps service and so they left Honduras and headed to Puerto Rico where my father would be working as a Peace Corps trainer at the training center in Ponce, Puerto Rico. Mami got a job teaching at Sagrado Corazon School. She was pregnant with me and I arrived the following January 1972. From Puerto Rico my adventurous parents traveled through South America with me –a two week old infant. We stopped in Bogota, Colombia; Caracas, Venezuela; Santiago, Chile; and from there by bus through the Andes Mountains to Mendoza. When we got to my abuelos' house I was hungry and exhausted of all the travel. We stayed with my grandparents for about six months while my parents tried looking for work but decided to move back to the States. Mami really wanted to live in Mendoza, but agreed to live in the States if she could return to Mendoza yearly. Once in this country we lived in Encinitas, California first, where she was a teacher's aide, and then moved to Miami, Florida. In 1975, my brother Daniel was born in Miami and mami also became a US citizen. Mami worked as a Spanish instructor as well as teacher assistant and also completed her bachelor's degree at Florida International University in teaching. Although she already had an equivalent degree from Argentina, she still had to take many courses over again. She became certified to be a Spanish teacher and shortly after that in 1986 we moved to San Antonio, Texas. She taught Spanish at three schools in the area and also completed her Master's Degree in Spanish from the University of Texas at San Antonio in 1993. She retired from teaching in 2005 after thirty eight years of teaching; she truly adored her students.

All throughout her life she kept many of the traditions alive within our family. She played typical Argentine folk music for us and made and taught me how to make many of the delicious dishes as well. On Christmas Eve we always made empanadas and drank Malbec wine. And every Sunday we had our typical *asado* of grilled meats... *costillitas, chorizos,* and *pollo*. We also drank *mate* and *mate cocido* on cold winter mornings. She was very active in the Argentine Organization CASA-San Antonio where she held various positions on the board. She, as well as the rest of the family, was able to always travel back to Mendoza yearly. We got to travel to various parts of Argentina including where she was born and where my grandmother grew up. We enjoyed visiting

Déjame que te cuente...

the Cataratas de Iguazu and skiing in southern Argentina, in Bariloche. I also got to spend a semester in high school attending my mother's old school.

Sadly mami passed away on September 17, 2011, but leaves behind three grandchildren as well as my father, my brother and me who will continue her legacy. She lived her life with love and compassion for others and always had an open door for all who came to our house. Even in the face of difficult times she always had a smile to share. She loved to entertain and have people over for dinner. She will always be remembered for her gentle spirit, being kind-hearted, loving, sweet, gracious and lovely –a person who made everyone feel special especially her family.

Mi historia, en breve

Gloria Contreras Ham

Cuando yo estaba en mi último año de la escuela secundaria, recibí la mejor noticia de mi vida hasta entonces: había sido escogida para recibir la beca Gran Mariscal de Ayacucho, una beca establecida y otorgada por el presidente de la República de Venezuela, Carlos Andrés Pérez. Con esta beca se me presentaba la oportunidad de poder ir a la universidad en los Estados Unidos y estudiar con todos los gastos pagados por la beca. Yo me sentía feliz y mis padres estaban orgullosos de mí. Llegué a Northeastern University, en Boston, Massachusetts, emocionada y llena de ilusiones. Era una joven trabajadora, inocente y soñadora que había sido sobreprotegida por mis padres toda mi vida y de repente me encontraba en un país extranjero, en una ciudad grande y hermosa, rodeada de extraños, sumergida en una cultura totalmente diferente a la mía. Al principio fue una experiencia atemorizante y abrumadora, pero al mismo tiempo excitante.

En Northeastern University estudié y me gradué de ingeniera mecánica. En mi último año en Northeastern, conocí a David Alan Ham, un gringo maravilloso de quien me enamoré y que ha sido mi esposo por treinta y un años. Al explicarle a David que como parte del contrato de mi beca, una vez que me graduara tenía que regresar a Venezuela y trabajar por dos años en el país, él comenzó a explorar sus posibilidades de trabajar allí. A principios de los ochenta había una gran cantidad de compañías americanas en Venezuela, proveedoras de la industria petrolera y suplidoras de una gran variedad de productos y servicios. David no tuvo ningún inconveniente en conseguir un buen trabajo con una compañía americana, para la cual también yo llegué a trabajar por cinco años.

Déjame que te cuente...

Después de graduarme y de casarme, vivimos en Venezuela por siete años. Allí nacieron mi hijo mayor David Javier y mi primera hija Gloria Adriana. Antes de que naciera David Javier y hasta que nació Gloria Adriana yo trabajaba ejerciendo la ingeniería. Al nacimiento de Gloria Adriana decidí mantenerme al margen del trabajo y dedicarme completamente a mis hijos. Durante ese tiempo la economía en Venezuela comenzó a sufrir algunas transformaciones y mi esposo recibió una oferta para una transferencia de vuelta a los Estados Unidos. Dadas las circunstancias, nosotros decidimos aceptarla y volver. La transferencia nos llevó a Paducah, un pequeño pueblo en el oeste de Kentucky donde vivimos doce años. Recién llegados a Paducah quedé embarazada de mi hija menor, Alejandra María, lo que extendía mi período alejada del campo laboral. Cuando Alejandra nació, David Javier tenía seis años por lo que ya había comenzado la escuela y Gloria Adriana tenía dos años.

Comencé a hacer trabajo de voluntaria en la escuela donde asistía mi hijo y pronto comencé a darme cuenta que la educación era algo que encontraba fascinante. Poco a poco y sin darme cuenta me enamoré de la educación, de la dinámica que existe en un salón de clases, de la expresión de un niño cuando aprende algo nuevo. Era tanto mi entusiasmo por lo que estaba haciendo, que cuando me ofrecieron un trabajo para enseñar español en la escuela católica local, no lo pensé dos veces. Más adelante me pregunté, ¿por qué a mí y por qué ahora? Aunque no logré encontrar la respuesta a estas preguntas, todavía le doy gracias a Dios por la oportunidad que me dio y por desviar mi camino, y enseñarme dónde tenía que emplear mis talentos. Mi vida profesional dio un vuelco total y mi nuevo trabajo también me llevó de vuelta a la universidad, para tomar clases en educación.

El hecho de vivir en un pequeño pueblo en el oeste de Kentucky en una comunidad cerrada donde todo el mundo se conocía, ser extranjera, hablar con un acento hispano y ser diferente al resto de la población, fue una experiencia increíble que me hizo crecer como persona. Aprendí tanto sobre el ser humano y el por qué hacemos lo que hacemos. No entraré en detalle pero puedo decirles que al principio fue muy difícil, muchas veces me sentí discriminada sin haber tenido una oportunidad para darme a conocer ni para defenderme. Lloré muchas veces, me sentía frustrada y hasta llegué a sentirme amargada. Me tomó cuatro años mientras enseñaba a tiempo completo entender la influencia que puede tener la ignorancia y para entender además que mi presencia como educadora tenía un verdadero impacto en la vida de mis estudiantes.

El año escolar estaba por terminar y los estudiantes que había enseñado por cuatro años y a quienes había aprendido a querer casi como a mis propios hijos, estaban por graduarse. Ellos y yo habíamos comenzado la escuela juntos, los había visto crecer de niños a jóvenes adultos. Uno de ellos vino a despedirse, con mucho cariño me dijo que yo era la primera extranjera que él había conocido en su vida, me dijo que me parecía mucho a otras personas que él conocía y que nunca más temería ni juzgaría a nadie por verse diferente o por venir de otro país, porque siempre recordaría a su maestra de español. Con sus palabras me hizo comprender que muchas veces discriminamos, rechazamos, juzgamos y/o resistimos lo que desconocemos, lo que ignoramos. Cuando salimos de Kentucky dejamos muchos amigos queridísimos, con quienes todavía me mantengo en contacto después de doce años de haber partido. Actualmente llevo dieciocho años enseñando y muchos más viviendo en los Estados Unidos; a través de los años he encontrado mucha ignorancia en mi camino pero he aprendido que con nuestras acciones podemos educar tanto o más que con una lección. Y cuando la ignorancia no tiene remedio, he aprendido a aguantarla o a tolerarla.

En mi vida familiar y personal algunas veces la situación ha sido muy difícil. Un matrimonio de por sí es un reto bajo circunstancias normales. Mi esposo es americano y yo soy venezolana, lo que añade otro factor importante a nuestro matrimonio que a veces puede causar fricción. Tratar de fundir dos culturas totalmente diferentes es bastante difícil, si añadimos dos religiones y tres hijos, las situaciones resultantes pueden ser lo suficientemente interesantes como para crear una telenovela. Siempre traté de mantener presente y hacer relevante mi cultura en nuestro hogar, enseñándoles a mis hijos lo importante que es tomar lo mejor de las dos culturas para sus vidas. Tanto mis hijos como mi esposo prefieren la comida hispana, a todos nos gusta la música latina y a dos de mis tres hijos les gustan los bailes latinos casi tanto como a mí.

Mi esposo y yo nos amamos, tenemos tres hijos maravillosos, inteligentes, trabajadores, sanos, amorosos, dignos de todo mi respeto y admiración. Los tres cuentan con una carrera universitaria, los dos mayores tienen buenos trabajos, la menor está haciendo su maestría. Mi hijo mayor ya está casado con una mujer extraordinaria que lo ama y lo respeta. Dios nos ha permitido ver a nuestros hijos convertirse en personas de bien, compasivas, generosas y encantadoras.

En mi trabajo también he tenido mucha suerte. En Kentucky, donde comencé mi carrera docente, tuve la fortuna de trabajar en una excelente escuela católica, con dos directores excepcionales, Michael Collins y Rosann Whiting. Dos seres increíbles que fueron mis mentores y quienes me guiaron en mis primeros años en la educación. Ellos me dieron la confianza y todo el apoyo que necesitaba para extender mis alas y crecer como educadora. Ellos me guiaron, me apoyaron y me dieron una amistad verdadera cuando me sentía insegura tomando mis primeros pasos dentro de esta área profesional. En esa escuela trabajé por seis años hasta que nos mudamos a Carolina del Sur, allí dejé recuerdos y amistades que aún guardo y guardaré siempre en mi corazón.

Cuando nos mudamos a Columbia, en Carolina del Sur, trabajé un año en una escuela católica en la cual no me sentí totalmente a gusto, esperaba encontrar una escuela similar a la que había dejado en Kentucky, pero era muy diferente. Para el año siguiente decidí hacer un cambio radical y fui a trabajar en una escuela pública, la primera experiencia de mi vida con un sistema público; yo había asistido siempre a escuelas privadas y sólo había enseñado en escuelas católicas. Al principio estaba muy nerviosa por todos los comentarios que muchas personas me hacían, me decían lo peligrosas que eran las escuelas públicas, lo horrible de los estudiantes, lo déspota de los administradores, etc. Como si eso fuera poco, la escuela era diez veces el tamaño de mi escuela en Kentucky. En mi primer día de clases estaba totalmente aterrada, miraba a cada persona con desconfianza y estaba comenzando a cuestionar mi decisión de tomar ese trabajo. Esa sensación negativa duró muy poco porque cuando conocí a la gente de mi departamento supe que todo iba a salir bien. Me hice parte de un grupo de amables profesionales con experiencia internacional y con un maravilloso sentido de compañerismo. Nuevamente me tocó un director y una subdirectora, el Dr. Greg Owings y la Dra. Glenda George, respectivamente, con quienes ha sido un verdadero placer trabajar en los últimos once años, dos magníficos profesionales, íntegros, con principios morales muy similares a los míos, personas que trabajan increíblemente bien con los estudiantes, con todo el profesorado y los empleados de la escuela, así como con los padres y la comunidad. Trabajo en una de las mejores escuelas en Carolina del Sur, reconocida a nivel nacional por sus resultados académicos, con un grupo de personas maravillosas que me permiten disfrutar mi trabajo cada día.

Amo mi profesión y cada semestre llego a querer a mi nuevo grupo de estudiantes y cada año es dulce y amarga la despedida del grupo que se gradúa. En dieciocho años son muchos los estudiantes a quienes he enseñado y con quienes me he relacionado, a través de ese tiempo ellos han sido mis más estrictos maestros y mis más queridos alumnos. Muchos llegan a mi clase renuentes, dudosos, desconfiados, incapaces de sostenerme la mirada y hasta nerviosos, porque tengo la reputación de ser estricta. Sin embargo, casi siempre llegamos al punto cuando me miran con confianza y me sonríen abiertamente, algunos hasta llegan a verme como su confidente para contarme sus problemas personales o sus aspiraciones más anheladas, y la mayoría sabe que en mi salón de clases hay lugar para los errores y donde si son corregidos es con la intención de ayudarlos y no de humillarlos, un lugar donde se sienten seguros, respetados y queridos. Creo que me gano su respeto porque lo que ven es lo que soy, sin pretensiones ni tapujos, trato de ser lo más honesta posible con ellos. A los estudiantes les encanta que pueda contestarles con mis experiencias personales cuando tienen preguntas sobre la cultura, la vida en otros países, las tradiciones y las preferencias. Sin afán de pretensión puedo decir que el hecho de que sea hispana, que el español sea mi idioma nativo, que haya vivido en un país hispano por muchos años y que haya visitado muchos otros, hace más real y auténtico el estudio de la lengua para muchos de mis estudiantes. A ellos les fascinan todos los aspectos culturales auténticos que incluyo constantemente en mis clases.

Después de que se gradúan, muchos estudiantes se mantienen en contacto conmigo a través de Facebook, correo electrónico y visitas personales. Comparten conmigo sus experiencias en la vida, sus experiencias en las clases de español en la universidad, cuando se casan, cuando tienen niños y muy especialmente si viajan a otros países a estudiar, en misiones, o por placer. Creo que mis estudiantes se identifican conmigo porque les enseño español para la vida, no solamente para pasar un examen; les enseño la cultura como parte integral del idioma, como parte de lo que soy. Logro obtener una relación más estrecha con muchos de ellos porque enseño los niveles altos y logro tenerlos en mis clases por dos o tres años consecutivos, en los grados 10, 11 y 12, cuando ya comienzan a madurar.

El mundo está en un constante ir y venir, nosotros hemos venido a los Estados Unidos, mientras muchos estadounidenses se han ido a otros países. Los que estamos enseñando aquí mantenemos una condición legal pero no estamos inmunes a los problemas que afrontan nuestros hermanos que llegan ilegalmente. Los problemas continuarán, la discriminación no es un problema de siglos pasados, la ignorancia y la intolerancia continúan prevaleciendo. Los hispanos hemos demostrado ser un grupo fuerte, unido, con principios establecidos y que no nos doblegamos fácilmente. Amamos a nuestras familias, nuestras tradiciones, nuestra cultura y nuestro idioma. Somos la minoría más grande en los Estados Unidos y continuamos creciendo. Tenemos una obligación moral, como educadores y como seres humanos, enseñarles a nuestros estudiantes que no importa de dónde vengamos, ni de qué color sea nuestra piel, ni qué idioma hablemos. Lo realmente importante reside dentro de la persona y no debemos juzgar a nadie sin darle la oportunidad de mostrarnos quién es realmente.

Mi esposo y mis hijos han vivido esta historia conmigo. Espero que todos mis descendientes sepan que cada ser humano, por pequeño y simple que parezca, tiene el poder y las herramientas para crear un cambio y dejar una huella positiva. Espero que aprendan que Dios nos presenta oportunidades y nos guía para que descubramos el potencial que tenemos. Que está bien cambiar de opinión o de carrera y que si sentimos el llamado a hacerlo, debemos escuchar esa voz que nos habla porque es muy probable que encuentren algo maravilloso si lo hacen. Yo encontré una profesión que me apasiona y que no habría descubierto de no haber estado alerta.

My Story, in Brief

Gloria Contreras Ham

During my senior year in high school, I received the best news of my life up until that point: I had been chosen as a recipient of the Gran Mariscal de Ayacucho Scholarship, a scholarship established and given by the President of Venezuela, Carlos Andres Perez. This full-ride scholarship allowed me to go to college in the United States of America. I was ecstatic and my parents were very proud of my accomplishments. I arrived at Northeastern University in Boston, Massachusetts, excited and filled with dreams. I was a hardworking, innocent young woman who had been overprotected by her parents all her life. All of a sudden I found myself in a foreign country, surrounded by strangers in a big and beautiful city, and immersed in a culture totally different than mine. At first it was a frightening and overwhelming experience, but it was still exciting.

At Northeastern University I graduated with a degree in Mechanical Engineering. During my last year at Northeastern I met David Alan Ham, a wonderful guy with whom I fell in love and who has been my husband for over thirty one years. My scholarship contract required me to return to Venezuela and work for at least two years after graduation. When I explained this to David, he started exploring the possibility of working there. In the early 1980's there were many American companies in Venezuela that were suppliers to the oil companies and provided a variety of products and services. David had no problem finding a good job with an American company. Later on I also ended up working for this company for five years.

Déjame que te cuente...

After graduating and getting married, David and I lived in Venezuela for seven years. My oldest son, David Javier, and my first daughter, Gloria Adriana, were born there. I worked as an engineer from before David Javier was born until Gloria Adriana was born. When Gloria Adriana was born, I decided to take a leave of absence and became a full-time mom. During that time the economy in Venezuela started changing and my husband received an offer to transfer to the United States. Under the circumstances it was an easy choice to accept the offer. The transfer took us to Paducah, a small town in western Kentucky, where we lived for twelve years. Shortly after moving to Paducah, I became pregnant with my youngest daughter, Alejandra María, which extended my leave of absence. When Alejandra was born, David Javier was six years old and in second grade, Gloria Adriana was two years old.

I started doing volunteer work at David Javier's school and quickly realized that I found education to be fascinating. Little by little, almost without realizing it, I fell in love with education: the dynamics of the classroom and the expression on a child's face when he or she learns something new. I was so excited about what I was doing that when I was offered a job to teach Spanish at the local Catholic School, I did not think about it twice. Later I asked myself, "Why me? Why now?" Even though I could not answer these questions, I still thank God for the opportunity He presented me, for altering my path, and for showing me where to put my talents to work. My professional life was turned upside down and my new job also took me back to college to study education.

Living in a small town in western Kentucky where everyone knew each other, being a foreigner, speaking with a Hispanic accent, and being different from everyone else in town was an incredible experience that helped me grow as a person. I learned a lot about human nature and the reasons why we do the things we do. I will not go into detail, but I can say that at the beginning it was very difficult; many times I felt discriminated against by people who did not know me and who gave me no opportunity to defend myself. I cried often, feeling frustrated and sometimes even bitter. It took me four years teaching full-time to completely understand the influence that ignorance can have, and to understand that as an educator I could have a real impact in my students' lives.

The school year was about to end, and the students I had taught for four years whom I had learned to love almost like my own, were about to graduate. We had started high school together and I had watched them grow from children to young adults. One of them came to say goodbye and with much affection told me that I was the first foreigner he had ever met. He said that I was very similar to other people he knew, and that he would never again judge anyone for being different or coming from another country because he would always remember his high school Spanish teacher. With his words he made me understand that we often discriminate against, reject, judge, and/or resist that which we do not know or understand. When we moved from Kentucky, we left behind many dear friends with whom we continue to stay in contact even after being gone for twelve years. I have been teaching for eighteen years, and have lived many more in the United States; through the years I have come across much ignorance, but I have learned that actions can educate as much or more than a formal lesson. When ignorance cannot be helped, I have learned to endure it or tolerate it.

I have faced difficult times in my family and personal life, as well. A marriage under normal circumstances is a challenge, and the fact that my husband is American and I am Venezuelan adds an important element to our marriage which at times causes friction. Trying to unite two totally different cultures is quite difficult, and adding two religions and three children to the mix could easily write the script for a soap opera. I have always tried to maintain the Hispanic culture at home and make it relevant for my children by teaching them how important it is to take the best from both cultures. My children and my husband prefer Hispanic food with all its spices. We all like Latin music and two of my children like to dance almost as much as I do.

Déjame que te cuente...

My husband and I love each other. We have three wonderful children who are smart, hardworking, healthy, loving, and deserving of all my respect and admiration. All three have finished college –the older two have good jobs, and the younger one is pursuing her master's degree. My son is married to an extraordinary woman who loves and respects him. God has allowed us to see our children become productive, compassionate, kind, and loving adults.

At work I have also been very lucky. I started my education career in Kentucky and I was blessed to work in an excellent Catholic school with two exceptional principals, Michael Collins and Rosann Whiting, who were my mentors and guided me through my first years in education. They gave me the confidence and support that I needed to grow as an educator. They supported me and gave me a true friendship when I was hesitant in taking my first steps in this professional field. I worked for six years at that school until we moved to South Carolina. I left many memories and friends in Kentucky that I will always keep in my heart.

When we moved to Columbia, South Carolina, I worked one year at a Catholic school, but I didn't feel as comfortable as I did at my first school. I expected a situation similar to what I had left in Kentucky, but it was very different. The following year I made a drastic change and went to work at a public school –my first experience ever with the public education system. I had always attended private schools and up until then had only taught in Catholic schools. At the beginning I was very nervous because of all the comments I received from people; they kept telling me about the dangers of public schools: how horrible the students were, how insufferable administrators were, etc. As if that weren't enough, the school was ten times bigger than my school in Kentucky.

On my first day of classes I was terrified. I looked at everybody with distrust, and I began to question my decision to take this job. That negative feeling did not last long because when I met the people in my department I knew everything was going to be fine.

I was part of a group of caring professionals with international experience and with an amazing sense of collegiality.

Again I was with a principle and assistant principle, Dr. Greg Owings and Dr. Glenda George, respectively, with whom it has been a real pleasure to work for the past eleven years. They are two outstanding professionals, with integrity and moral principles very similar to mine, who work remarkably well with students, faculty, staff, parents, and the community. I work in one of the best schools in South Carolina, recognized nationally for its academic performance, with a group of wonderful people that makes my job enjoyable every day.

I love my profession. Each semester I fall in love with the new group of students, though the good-byes at the end of each year at graduation are bittersweet. For eighteen years I have taught and developed a relationship with many students. Through the years they have been my strictest teachers and my most beloved pupils. Many come to me at first reluctant, doubtful, distrustful, unable to look at me in the eye, and even nervous because I have the reputation of being very strict. However, there usually comes a time in the semester when they start looking at me with trust and smiling at me openly; for a few I even become their confidant –someone with whom they can talk about their problems and share their deepest hopes. My students know that in my classroom there is room for mistakes and that I make corrections to help them, never to humiliate them. My classroom is a place where they can feel safe, respected, cared for and loved. I think I earn their respect because who they see is who I am, without pretense or deceit; I try to be as honest as possible with them. When they have questions about the culture, life, traditions, and preferences in other countries, students appreciate that I can answer from my personal experiences. Without any intention to appear arrogant, I can say that the fact that I am Hispanic, that Spanish is my native language, that I have lived in a Hispanic country for many years, and that I have visited many other Hispanic countries makes studying Spanish with me so much more real and authentic for many of my

Déjame que te cuente...

students. They love and look forward to all the authentic cultural aspects that I often include in my classes.

After they graduate many of my former students stay in touch with me through Facebook, e-mail, and personal visits. They share with me their life experiences after high school, in Spanish class in college, when they get married, when they have babies, and especially when they travel to another country for studies, for mission trips, or for pleasure. I think students identify with me because I teach them Spanish to enrich their lives, not just to pass a test. I also teach them culture as an integral part of the language and as part of who I am. My students are from 10th-12th grades, which allows me to develop a closer relationship with them because we work for two to three consecutive years as they start to mature.

The world is constantly moving: we have come to the United States while some Americans have gone to other countries. Those of us teaching here maintain legal status, but we are not immune to the problems faced by our Hispanic brothers and sisters who arrived illegally. Problems will continue because discrimination is not a thing of the past, and ignorance and intolerance continue to prevail. Hispanics have shown themselves to be a strong group- united, with established principles –and they do not give up easily. We love our families, our traditions, our culture, and our language. We are the largest minority in the United States of America and our numbers continue to grow. We have a moral responsibility, as educators and as human beings, to teach our students that it does not matter where we are from, what color our skin is, or what language we speak. The most important thing is what is inside a person and that we should not judge someone without giving them the opportunity to show us who they really are.

My husband and my children have lived this story with me. I hope that all my descendants will know that each human being, no matter how seemingly small and simple, has the power and the tools to cause change and leave a positive mark on the world. I also hope they will learn that God gives us opportunities and guides us so that we may discover our potential. And I finally hope they will learn that it is okay to change our mind, our path, and our career; if we are called to do so, we should listen to the voice that speaks to us because is quite possible that something wonderful is in store. I found a profession that I am passionate about, which I would not have discovered if I had not been alert.

Cosas que he aprendido al cambiar de un país a otro

Lydia Rodríguez

#1 Cómo comportarse socialmente

En público uno debe mostrar la mejor cara porque la primera impresión es lo que cuenta. Cuando vivía en México tenía que mantener una conversación aceptable cuando estaba entre hombres y mujeres, en particular cuando los miembros de la familia estaban presentes. Yo me podía dar cuenta cuando las conversaciones no eran aceptables porque a nosotras, las chicas, nos educaban con los ojos. Algunos adultos o gente conservadora nos echaban unas miradas con los ojos medio cerrados y con el ceño fruncido y los labios estirados. Cuando se nos daban una de esas miradas, sabíamos que habíamos cruzado la línea. Entre nosotras, las chicas, se podía decir casi cualquier cosa a menos que hubiera una arrogante creída Madonna presente como María Conchita que censuraba bruscamente con "¡Qué vulgar eres!" o "¡Qué falta de educación!" Nunca se me ocurrió preguntarle cuál era su definición de vulgar o lo que ella consideraba falta de educación, uno no piensa en esas cosas a esa edad.

En los EE.UU, con mi familia estadounidense, no recuerdo haber horrorizado a nadie con mis conversaciones. Por supuesto, las groserías eran inaceptables. Todo el mundo sabía eso, incluso los adultos. Por lo tanto, era mucho más fácil estar en reuniones sociales con mi familia estadounidense, parecía como que ellos no eran tan críticos como mis parientes mexicanos. El cruzar las piernas no era ningún problema y no era necesario estar solamente en un grupo de chicas. Los eventos sociales con mi familia estadounidense eran menos complicados. Me sentía libre de poder ser yo misma.

Déjame que te cuente...

#2 Cómo se supera el choque cultural

Las primeras semanas son como días de fiesta o como unas vacaciones, todo es nuevo para mí y yo soy nueva para otros. Es emocionante, mmm, "Mangos con chile molido, limón y sal, mmm..." digo al hundir mis dientes en la carne dulce del mango. La gente pronto se cansa y se impacienta y dice abruptamente: "Eso no se hace aquí, serás mal vista". "Lo siento. No lo sabía", les digo. Paso por un curso acelerado de auto enseñanza. ¡Ay Jesús! Muchas caídas y tropezones. Pregunta antes de actuar es mi nueva política, "¿Puedo hacer X, Y y Z?" "¡No!" "¿Por qué no?" La tía Lola me mira con una mirada frustrada y ruge con su voz insensible, "¡Así es, punto y aparte y deja ya de preguntar!" "¡Ay Dios mío!" digo. Bueno, creo que la honestidad es la mejor política.

En los EE.UU es trabajar, trabajar, trabajar y trabajar. Adaptarse y producir, ya sea que estés en el ambiente o estés fuera de él. Estás sola chica, lo entiendas o no. Son las cinco de la tarde y cada quien se va a su casa, no hay quien se quede para ayudarte. Siempre hay un mañana que comienza a las ocho. Aquí es hablar fuerte o ser echado a un lado. El ser persistente en México es ser fastidioso, pero aquí es una ventaja. Me siento incómoda ser dolor de cabeza para alguien, pero tengo que serlo para poder obtener lo que yo quiero.

#3 Cómo superar mentalmente los tambaleos lingüísticos

Los primeros meses uno habla al estilo del Dr. Seuss, traducciones mentales y uso constante del diccionario y preguntas a la gente. Uy, las carcajadas y las risas que le producía a la gente, en particular con las expresiones idiomáticas y culturales. ¿Cómo iba a saber yo lo que estaba diciendo? Viendo la televisión los primeros meses era imposible, hablaban demasiado rápido. Los libros eran excesivamente difíciles, incluso los que eran para los nenes pequeñitos. Tenía que buscar casi cada palabra en un diccionario. Después de unos meses, repentinamente pude dominar la lengua, me sentía como un pez en el agua. Usaba la lengua y la escritura tan bien o tal vez mejor que una persona nacida aquí, en México. Cuando uno vive entre la gente en cualquier país desarrolla una habilidad lingüística incomparable, como me pasó a mí. Mi pronunciación es increíble, la fluidez del lenguaje es rápida. Yo soy ellos y ellos son yo.

De regreso a los EE.UU después de muchos años fuera, me encuentro otra vez con las traducciones mentales, el constante uso del diccionario y las preguntas a la gente, y de nuevo la angustia de comunicarme. ¿Qué me pasa? Esta fue mi primera lengua, parece que mis habilidades en el idioma del inglés se han quedado a la edad de trece años. Mi mente se ha desarrollado usando el español, pero mi idioma del inglés se ha quedado atrás. No se desarrolló como la otra lengua. ¿Cómo puede ser eso? No entiendo. Veo a otros hablando en inglés con el idioma bien desarrollado. Soy de este país, ¿qué me pasó? Tengo miedo, me siento insegura pero no me doy por vencida. Tengo que superar esto.

#4 No me puedes engañar

"Yo me las arreglaré para que me cambie mi B a una A en esta prueba, es fácil. Como no habla inglés, lo hará para evitarse problemas. Le hice la misma tranza al Sr. González", escucho a Jason decirle a otro estudiante fuera del salón de clase. Jason entra en el aula donde estoy de pie al lado de la mesa del profesor. Tiene un papel en su mano. Es su prueba. Llega al otro extremo de la mesa y lanza unas palabras rápidamente: "Me quitó puntos cuando realmente tenía la respuesta correcta, mire". Señalando con rudeza a su prueba, continúa diciendo: "Mi puntaje suma a 90, tenga, cámbielo". Lo miro y luego le echo un ojazo a su prueba que ahora se encuentra sobre la mesa. Le respondo lentamente "N...O...", y sigo con "No hay ningún error de cálculo y no discuto las notas". Jason me mira con sus grandes ojos azules, "Está bien, gracias. Pensé que había un error". Su sorpresa fue mayor al oírme hablar en inglés con fluidez y sin ningún acento, eso siempre me parece cómico.

"Profesora, ¿de dónde es usted?" Pregunta Billy. Tomo la respuesta fácil, "De México". A veces juego con ellos y digo, "de

Déjame que te cuente...

Colombia o de Venezuela". Pero luego, sabelotodo Jane dice, "Entonces, ¿por qué no tiene un acento en inglés como todos los demás de un país diferente?" Todas las miradas están sobre mí y no sólo la de Billy y la de Jane sino de quien esté de pie o sentado en el salón. Sonrío con picardía y comienzo: "Bueno, soy..." empiezo, sabiendo que he sido descubierta con mi humor seco. A estas alturas trato de llegar a una explicación breve y lógica para satisfacer la curiosidad de los estudiantes. "Bueno, verán..." trato de explicar. La habilidad de cambiar idiomas en un dos por tres para tomar decisiones, difunde experiencia y autoridad en ambos lados del globo.

#5 Dinámicas de grupo y siempre visto como el otro

"¿Soy yo o son estos gringos?" Me pregunto. "Estos gringos piensan de manera diferente. Oh, espera, yo soy una gringa", me doy cuenta, pero me siento más latina que gringa. Supongo que los gringos me ven más latina que gringa también. Al entrar en el ámbito profesional, me he dado cuenta que los gringos forman bases de poder, todos en sus oficinas se encuentran agrupados y arreglados como clones. "¿Acaso no tienen una mente independiente?" Se han convertido en los objetos de mi atención y he concluido que el clan gringo es de la misma mentalidad, les gusta hacer trampas así como esconder información lo más que puedan. Se sienten poderosos, especulo. "¿Por qué esto no se presentó con debido tiempo?" Pregunto. "Lo siento, acaba de salir y tenemos que agilizar este asunto", dicen siempre. Todo está siempre en una gran necesidad de apuro, "Simplemente fírmalo", o dicen "No es gran cosa; solamente necesita tu firma". "No es gran cosa. Entonces, ¿por qué hay tanta prisa? No, no lo voy a firmar hasta que lo lea". No les gusta cuando les digo que no. El acoso continúa, la presión se ve a través del correo electrónico y finalmente, la intimidación viene mandándoles copias a los cuasi dioses, "Escuchen bien, aunque le hayan mandado una copia al decano o al presidente al no informar a los demás de planes departamentales u obligar a que firmen algo es injusto y coercitivo", afirmo yo. Los correos electrónicos duran varios días y los malos sentimientos corren por el departamento. Lo curioso es que soy la única cuestionando y haciendo comentarios. Todos los gringos parecen aceptar todo lo que ha pasado por la cabeza del grupo. "¿Soy yo? Y realmente ¿son nada más los gringos? O bien, ¿es la gente en general?" Me interrogo. Por alguna razón, el ambiente académico despierta en algunos individuos, gringos o no, la ambición al poder, la malicia y la competencia desmedida. "¿Por qué tienen que ser tan escurridizos?" Solamente me quedo haciendo preguntas y conjeturas sobre aquellos cuyo modus vivendi depende de la academia y sobre mí que soy uno de ellos y no hay respuestas. Se podrá clasificar el ámbito profesional en homogéneo o heterogéneo, lo mismo o lo otro, ordinario o exótico, la conformidad o el individualismo. ¿Cuál es mejor, uno o el otro o una mezcla de los dos?

#6 Diciendo adiós a todo lo conocido

Mientras echo un vistazo por la ventana del cuarto piso de mi oficina, recuerdo el pasado. Recuerdo haber estado llena de tristeza como cuando uno le dice adiós a alguien que ha querido mucho y se ha separado más de una vez. Era tristeza porque me estaba despidiendo otra vez. Había pasado una buena parte de mi vida tratando de entender mi alrededor, la gente y la lengua en mi nuevo país. En cuanto me sentía cómoda en un país y lo había adoptado como mío era hora de regresar al otro país y una vez más el proceso de reajuste comenzaba. De repente, "Disculpa, ¿sabe dónde está la oficina del Dr. Jones?" Una voz me regresa al presente. Le sonrío y le explico, llevando personalmente al estudiante chino al sitio. Le conmueve la simpleza de mi gesto, "Gracia, Gracia", dice el estudiante chino. Yo también recuerdo haber estado confundida y frustrada, pero quizás eso es lo que me hace más sensible y abierta a otras personas y a otras culturas.

#7 Cruzando fronteras

El día de mudarnos llegó, nosotros, los tres niños, estábamos en el asiento trasero del coche que jalaba el tráiler. Llevábamos más o menos un día de camino en la carretera cuando finalmente

Déjame que te cuente...

en medio de la oscuridad y media dormida, escuché a un hombre decir: "¿Qué lleva ahí?" Parecía un oficial de policía, pero estaba parando a todos los vehículos en un punto de control. "¿Qué está pasando?" Pensé. "Bájese y destape lo que tiene", dijo la voz mientras que vi a mi papá salirse del auto y presentar algunos documentos. Kacy y Jamie, ustedes estaban dormidos pero se me enchinaba la piel cada vez que escuchaba la voz del hombre. La oscuridad no ayudaba tampoco. Su voz sonaba malévola como uno de esos tipos en una de esas películas que hacen desaparecer a la gente y los cuerpos nunca se encuentran. Diez años más tarde, "Saquen sus pasaportes", gritó una voz enorme. "Otra vez pasando por todos estos puntos de control", pensé. Esta vez estábamos en el aeropuerto yendo en la dirección opuesta. No importara la dirección que fuéramos, había masas de gente a la que detenían y revisaban. Papá, mudarnos de un país a otro y esperando que nosotros, niños en aquel entonces y ahora jóvenes adultos, nos adaptáramos rápidamente era muy difícil. Nuestra vida cambió por completo en minutos. No obstante, estoy agradecida de que usted fue lo suficientemente responsable para arreglar toda la documentación necesaria. Legítima y legalmente entré y salí de un país a otro sin ningún problema. Desde entonces, he estado cruzando las fronteras físicas y metafóricas, aceptando las novedades que se me presentan.

#8 La educación es el camino y el ser orgulloso de ti mismo

Nadie te puede quitar la educación no importa en qué país estés. Ve a la escuela y edúcate aun cuando signifique un gran sacrificio. Este sacrificio se recompensa al final. Sé que es un cliché exagerado y sobre usado pero simplemente hazlo. Puedes llevar tu educación a cualquier lugar, las cosas materiales siempre se quedarán atrás, pero tu mente, con la gran cantidad de información y la experiencia, te seguirá siempre. Nadie te podrá quitar tu título. Es tu responsabilidad el estar informado y no esperes que alguien te informe. Luego estás Tú como persona. Eres quien eres y no importa dónde estés ni importa cuántos cambios hagas para no ser la persona que eres, tú eres Tú. Siempre serás el hijo de tus padres: hispano nacido en los EE.UU o posiblemente no nacido en los EE.UU, inmigrante o no, blanco, verde, rojo, bajo, alto, ojos grandes, ojos pequeños, estas son tus cualidades que te distinguen a ti. Acéptate a ti mismo como eres. ¿Por qué no? Al fin y al cabo esto es lo que eres.

Things I Learned Moving from One Country to Another

Lydia Rodríguez

#1 How to Act Socially

In public you want to put on a good face because the first impression is derived from it. While in Mexico, I had to maintain a socially acceptable conversation when mixed with male and female individuals, in particular when family members were around. I could tell when the conversation was unacceptable; us, girls, would get "the look". Some adult or conservative person would stare at us with their half squinted eyes, brows frowning and straight lined lips. When you got one of those looks, you knew you had crossed the line. When just among girls anything could be said unless you had a stiff upper wantabe Madonna like Maria Conchita who would hiss, "¡Qué vulgar!" or "¡Qué falta de educación!" It never occurred to me to ask her definition of vulgar or lack of education, you don't think about those things at that age.

In the US with my American family members, I don't remember appalling anyone. Of course, bad words were a no, no. Everyone knew that, even the grown-ups. So, it was pretty much easy to be in social gatherings with my American family members. It seemed as though they were not as critical as my Mexican relatives. No crossing of the legs or having to just be with the girls. No, Americans were easy to be around in social gatherings. I felt free to express myself.

Déjame que te cuente...

#2 How to Overcome Cultural Shock

The first few weeks are like a holiday or a vacation, all is new to me and I am new to others. It's exciting, yum, "Mangos with chile pepper flakes, lemon and salt, mmm…" I say as I sink my teeth into the sweet flesh of the mango. People soon get tired and impatient and snap, "Eso no se hace aquí, serás mal vista." "Lo siento. No lo sabía", I say. A quick crash course in self teaching I go through. Ouch! Many tumbles and falls. Ask before I do turns into my policy, "¿Puedo hacer X, Y y Z?" "¡No!" "¿Por qué no?" Aunt Lola turns her frustrated look in my direction and roars in her insensitive voice, "¡Así es, punto y aparte y deja ya de preguntar!" "¡Ay, Dios mío!" I say. I guess honesty is the best policy.

In the US, it is do, do, do, do. Adapt and produce, you are either with the program or out of the program. You are on your own kid, understanding it or not. It's 5:00 p.m. and everyone goes home, there's no staggering around to help you out. There's tomorrow at 8:00 a.m. Here, it is speak-up or be forgotten. Persistence, which is an eye sore in Mexico, is a plus here. I'm uncomfortable being a thorn in someone's back, but I have to be in order to get what I need.

#3 How to Overcome Mental Linguist Staggers

Dr. Seussish language came out the first few months, some mental translations, and constant dictionary and people consultations. Oh the laughs I got, in particular with the idioms and cultural expressions. How was I supposed to know? Watching television the first few months was out of the question, they talked too fast. Reading books was hard, even those for little kiddie ones. I had to look-up every other word. After a few months, the language skills became second nature. Suddenly, I am talking like a native, thinking like a native, and reading, and writing like a native. When you are in the natural habitat of a species you go native, which I did. My pronunciation is incredible, my language fluidity is agile. I'm them and they are me.

Back in the US after many years abroad, I'm back to mental translations, constant dictionary and people consultations and back to communication anxiety. What's wrong with me? This was my first language. It seems like my English language skills have been left at the age of thirteen. My mind has developed using the Spanish language, but my English language remained behind. It didn't develop like the other. How can that be, I don't understand? I see others with well developed language skills. I am from this country, what happened to me? I'm scared, I feel insecure. I'm not giving up. I have to overcome this.

#4 You Can't Fool Me

"I'll finagle her into changing my B to an A on this quiz that's easy. Since she doesn't speak English she'll do it to avoid any problems. I did it with Mr. Gonzalez." I overhear Jason saying to another student outside of the classroom. Jason walks into the classroom where I'm standing at the instructor's table. He has a paper in his hand. It's his quiz. He reaches the end of the table and spurts out quickly, "You took off points when I got the answer right, see." Pointing abrasively at his quiz, then continues saying, "My score adds up to a 90, here change it." I look at him and look down on the paper. I respond to him with a slow "N…O…" and proceed with "No. There are no miscalculations and I do not negotiate grades." Jason looks at me with big blue eyes, "Okay, thank you. I thought there was an error." The surprised face upon hearing me speak English fluently without an accent is always the kicker for me.

"Profesora, where are you from?" asks Billy. I take the easy way out "De México." Sometimes I get playful and say "De Colombia o de Venezuela." But then, Smarty pants Jane comes back to say, "But, why don't you have an accent in English like everyone else from a different country?" All eyes are on me, not only from Billy and Jane, but from whoever is standing or sitting around. I smile mischievously and begin, "Well, I am…" I start out, knowing that I have been caught with my dry wittiness. At this point, I try to come up with a short and logical explanation to satisfy the students'

Déjame que te cuente...

curiosity. "Well, you see..." I try to explain. The ability to switch from one language to another to make lickety-split decisions radiates expertise and authority on both sides of the globe.

#5 Group Dynamics and Always Viewed as the Other

"Is it just me or is it these gringos?" I ask myself. "These gringos think differently. Oh wait, I'm a gringa" I realize, but I feel more Latina than gringa. I guess the gringos view me more Latina than gringa, too. As I entered the professional arena, I've noticed that the gringos form power bases; all of their offices are clustered together and arranged in a clone like way. "Do they not have an independent mind?" They have become the objects of my attention. I've concluded that the gringo clan is like-minded; they like playing little tricks, like withholding information for as long as they can. It empowers them, I speculate. "Why wasn't this presented in a timely manner" I ask. "Sorry, it just came out and we need to expedite it" they always say. Everything is always in a need of a big fat hurry, "Just sign it" or they say "It's really no big thing; it just needs your signature." "'No big thing,' then why is it a big fat hurry? No, I'm not just going to sign it, until I read it." They don't like it when you say no. Their pushing harassment continues through e-mail, and then finally, intimidation comes sending copies to the quasi gods; "Listen, you may have copied the Dean or the President, but not informing others of departmental plans and forcing them to sign something is inequitable and coercive" I assert. The e-mails may last for days and bad feelings run through the department. The odd thing is that I'm the only one questioning and commenting. All the gringos just seem to accept all that has been passed down from the leader of the pack. "Is it me? And, is it just the gringos? Or, is it people in general?" I question myself. For some reason, the academic environment awakens in some individuals, gringos or not, ambition for power, malice and excessive competition. Why do people have to be so sneaky?" I'm left questioning and conjecturing about those whose modus vivendi depends on the academy and about me as I am one of them and there are no answers. It breaks down to homogeneous or heterogeneous, the same or the other, ordinary or exotic, conformity or individualism. Which is best, one or the other or a mixture of the two?

#6 Saying Bye-Bye to All That is Familiar

As I glance out the fourth floor window of my office, my memory begins to take me back in time. I remember being filled with some blueness that always follows at the time of saying goodbye to someone that you hadn't seen in a long time and that you had fallen in love with. It was sadness because I was parting again. I'd spent a chunk of my life trying to understand my surroundings, the people, and the language in my new country. As soon as I was comfortable with one country and had adopted it as mine, it was time to return to the other country and once again the process of readjusting started. All of a sudden, "Escuse me, you know where Dr. Jones office is?" A voice brings me back to the present. I smile and explain by taking the Chinese student myself. He was moved by my simple gesture, "Tank you, tank you." I too remember being confused, frustrated, but, perhaps that's what makes me more sensitive and open to other people and other cultures.

#7 Crossing Borders

Moving day came; we, three kids, were in the back seat of the car that the trailer was hitched onto. A day or so of driving went by when finally in the dark and half asleep, I heard a man say, "¿Qué lleva allí?" He looked like a police officer, but was stopping all cars at a check point. "What's going on?" I thought. "Bájese y destape lo que tiene" said the voice as I saw my dad get out of the car and present some papers. Kacy and Jamie, you guys were asleep, but goose bumps ran up my arms every time I heard the man's voice. The darkness didn't help either. He sounded mean like one of those guys in one of those movies who made people disappear and bodies were never found. Ten years later, "Pull out your passports" a loud voice yelled. "Here we go again with all this

Déjame que te cuente...

checking" I thought. This time we were in the airport going in the opposite direction. Either way, there were masses of people being stopped and checked. Dad, moving from one country to the other and expecting us then kids, now young adults, to quickly adapt was really hard. Our whole lives changed in a matter of seconds. Though, I am thankful that you were responsible enough to arrange all needed documentation. I rightfully and legally walked in and out of one country to the other without any problems. Since then, I have been crossing physical and metaphorical borders, accepting and being open to newness.

#8 Education is the Way to go and be Proud of You

No one can take away your education in whichever country you are situated. Go to school and educate yourself even if it means sacrifice. This sacrifice will pay-off in the end. I know that is an overstated cliché, but just do it. You can take your education with you anywhere, material things will always be left behind, but your mind with the wealth of information and experience will follow you always. No one can take away your degree. It's your responsibility to be informed, don't wait for someone to inform you. Then, there is You. You are who you are and no matter where you are, or no matter how many changes you make to not be who you are, you will always be the child of your parents: Hispanic US born or not, immigrant or not, or white, green, red, short, tall, big eyes, little eyes, this is you. Accept yourself. Why not? This is who you are.

Colaboradores / Contributors

Clementina E. Adams

Nació en la ciudad de Barranquilla, Colombia donde completó su Maestría en Cultura y Literatura Hispanoamericana en la Universidad Estatal del Atlántico. Más adelante obtuvo una segunda maestría seguida del Doctorado en Sistemas Insurreccionales en la Universidad Estatal de la Florida en Tallahassee. Ha enseñado cursos de español, cultura y literatura en la Universidad de Gallaudet, en Washington, D.C. y en la Universidad de Clemson en Carolina del Sur, donde ha enseñado desde el año 1989. Tiene tres libros publicados, al igual que más de treinta y cinco artículos y capítulos en libros, como parte de la selección de presentaciones en conferencias, revistas y libros académicos referidos. Además, ha sido pionera en programas y proyectos en el Departamento de Lenguas en la Universidad de Clemson, tales como "La enseñanza de idiomas a estudiantes de escuelas elementales" (FLES), la inclusión de un programa del Lenguaje de Señales Americano (ASL) como parte de los idiomas ofrecidos en el departamento; y la implementación de una nueva carrera: "Lenguajes y Salud Internacional" (L&IH). Actualmente trabaja en el diseño de un certificado de interpretación médica. Ha sido muy activa en el servicio en el aprendizaje, enfocadas en el mejoramiento de la vida de la comunidad hispana en lo referente a la salud, el aprendizaje y la interpretación, por lo que ha recibido premios y honores a nivel regional, nacional e internacional. Recientemente y por segunda vez recibió el honor de formar parte del grupo de Alianza de Servidores, compuesto de un grupo de facultativos universitarios seleccionados en la universidad (2008-2009 y 2011-2012).

§§§

Clementina E. Adams was born in Barranquilla, Colombia where she completed her Master's Degree in Hispanic American Culture and Literature. She later obtained a second master's degree and a Ph.D. in Instructional Systems from Florida State University, in Tallahassee. She has taught Spanish at Gallaudet

University, Washington, D.C. and at Clemson University, where she is currently teaching since the fall of 1989. She has published three books and more than thirty five articles in refereed and peer-reviewed journals as well as some chapters in peer-reviewed books. Dr. Adams has been a pioneer in projects and programs in the Department of Languages such as Foreign Languages for Elementary School Children (FLES), the inclusion of American Sign Language (ASL) as part of the offered majors in the Department of Languages, and the development of a new major: Language and International Health (L&IH). She is currently working in the design of a medical interpreting certificate. Dr. Adams has been active in service learning activities focused on improving the life of the Hispanic community in the Upstate of South Carolina; in that regard, she has received honors and awards at the regional, national and international levels. She recently received the Clemson University Service Alliance Faculty Fellow Award for the second time (2008-2009 and 2011-2012).

Alma Alfaro

Nació en El Salvador y llegó a Los Ángeles, California a la edad de once años. Fue estudiante del sistema público desde el sexto grado hasta su graduación (1987-1994). Empezó la universidad en Occidental College (1994-1998) y obtuvo los títulos en Literatura Inglesa y Literatura Hispánica. Hizo sus estudios de maestría y doctorado en la Universidad de California Santa Bárbara de donde se graduó en 2004 con un Doctorado en Literatura Hispánica y un énfasis en Estudios de la Mujer. Ha enseñado todos los niveles de lengua y literatura hispánica desde 1998 en la Universidad de California Santa Bárbara, Westmont College y desde el 2004 es profesora en Walla Walla University.

§§§

Alma Alfaro was born in El Salvador and came to live in Los Angeles, California at the age of eleven. She was an inner city student attending public schools from 6th. through 12th. grade (1987-1994). After high school she attended Occidental College (1994-1998) and graduated with two degrees, English and Comparative Literary Studies and Spanish Literature. She began her Master's Degree and Ph.D. in Hispanic Literature and Languages immediately after college at University of California Santa Barbara. She received a Ph.D. in Hispanic Literature with an emphasis on Women Studies in 2004. Alfaro has been teaching all levels of Spanish language and literature since 1998 at UC Santa Barbara, Westmont College, and began her permanent tenure-track career at Walla Walla University in fall 2004.

Nelda Arroyo

Nació en Monterrey, Nuevo León, México. Se convirtió en residente estadounidense a la edad de once años y empezó su vida en este país en la ciudad de Chicago, Illinois. Fue en esta ciudad que terminó los dos años de educación elemental, que en ese entonces se estilaba hasta el 8º grado, para después continuar en la preparatoria, ambos niveles en colegios privados católicos. Su preparación académica a nivel universitario fue cursada en Loyola University en Chicago, de donde recibió su título de Licenciatura en Psicología. Después de contraer matrimonio en su país natal y de tener a sus primeros dos hijos, regresó a la Universidad de Centros Estudios Universitarios en Monterrey de donde obtuvo su título en psicopedagogía. Impartió clases desde nivel elemental hasta preparatoria en Monterrey y a la pérdida de su esposo regresó a residir a los Estados Unidos donde actualmente imparte cursos de Literatura Hispanoamericana a nivel preparatoria. Después de haber tenido la oportunidad de estar en contacto en el área de educación en dos países distintos, la Sra. Arroyo comparte dos pensamientos con nosotros: "Los jóvenes son iguales en todo el mundo" y "Puedes cambiar el escenario, pero los personajes siempre serán los mismos".

§ § §

Nelda Arroyo was born in Monterrey, Nuevo Leon, Mexico. She became a US resident at the age of 11 years old and began her life in this country in Chicago, Illinois. It was in this city where she finished her elementary education which consisted then of 8 years, and continued on to graduate from Loretto High School, both private and Catholic institutions. Ms. Arroyo attended Loyola University of Chicago where she received her Bachelor's Degree in Psychology. It was then that she decided to go back to reside in Mexico, and after getting married and having her first two children, she returned to school in Monterrey where she graduated from the Centro de Estudios Universitarios and obtained her degree in Psychopedagogy. She taught from elementary to high school levels in Mexico. Then, upon the loss of her husband, she returned to the US, where she presently teaches AP Spanish Literature courses at a Catholic private high school. Since she has had the opportunity to teach in both countries, she has these thoughts to share: "Kids are kids everywhere" and "You can change the scenery, but the characters are always the same."

Amalia de Jesús Barreiro (Güemes) Gensman

Nació en la Ciudad de México el 14 de octubre de 1946. Vive en Lawton, Oklahoma donde ha sido educadora por treinta y cuatro años. Es coordinadora del Departamento de Lenguas y profesora de español en Eisenhower Senior High School en Lawton. Ha sido consultora de College Board por diez años y ha participado en la evaluación del examen de AP Lengua Española por diez años. En el año 2002 fue nombrada por el gobernador estatal y sirvió como Vice-Presidente del Comité de Selección de Libros de Texto del Estado de Oklahoma. Actualmente es miembro del Comité de Exanimación para la Certificación de Maestros del estado. En septiembre de 2010, recibió el premio Arzobispo Eusebio Beltrán como educadora excepcional del año.

§§§

Amalia de Jesus Barreiro (Güemes) Gensman was born in Mexico City on October 14th 1946. She lives in Lawton, Oklahoma where she has taught for thirty four years. She is Coordinator of the Foreign Language Department and Spanish Teacher at Eisenhower Senior High School in Lawton. She has been a College Board Consultant for eleven years and has participated in the AP Spanish Language Exam Reading for eleven years also. In 2002 was nominated by the governor of the state and was elected as Vice-Chair of the Oklahoma State Textbook Adoption Committee. Currently she is a member of the State Spanish Teacher's Certification Committee. In September 2010, she received the Eusebio Beltran Outstanding Catholic Educator of the Year award.

María Barrera Lavín de Sheldon

Originaria de México. Se graduó de sus estudios de preparatoria en Michigan donde participaba como estudiante de intercambio. Más adelante completó la Licenciatura en Ciencias de la Educación en la Universidad de las Américas en Puebla, México. También terminó sus estudios de maestría en Dominican College en California. Enseñó español en varios institutos en Tokio, Japón; mantuvo una agencia de traducciones en Houston, Texas e impartió clases de español a nivel maestría en la escuela School for International Training (SIT) en Brattleboro, Vermont. Además trabajó en la institución Santa Fe Community College en Nuevo México. Reside con su esposo, Stephen, su hija Brooke y su hijo Skyler en Santa Fe, Nuevo México. Ha participado en el National Hispanic Cultural Center en Albuquerque, impartiendo talleres a profesores de español. Actualmente trabaja en Santa Fe Preparatory School, donde su hija es una estudiante.

§ § §

Maria Barrera Lavin de Sheldon was born in Mexico. She completed her high school studies in Michigan during an exchange studies program. Later, she finished her Bachelor's Degree in Science of Education at the Universidad de las Americas en Puebla. She also completed her master's degree at Dominican College in California. She taught Spanish in some institutes in Tokyo, Japan; kept a translation agency in Houston, Texas; taught Spanish at the School for International Training (SIT) in Brattleboro, Vermont, and at the Santa Fe Community College in New Mexico. She lives with her husband Stephen, her daughter Brooke and son Skyler in Santa Fe, New Mexico. She has participated at the National Hispanic Cultural Center in Albuquerque facilitating workshops for Spanish teachers. She currently teaches Spanish at the Santa Fe Preparatory School, where her daughter is a student.

Marinelly Castillo Zúñiga

Nació en Barquisimeto, estado Lara, la ciudad musical y crepuscular de Venezuela. Obtuvo el título de Licenciada en Contaduría Pública en la Universidad Centro Occidental "Lisandro Alvarado" de Barquisimeto, Venezuela. Reside en los Estados Unidos desde 1998 a donde viajó con la finalidad de estudiar inglés como segunda lengua y luego estudiar una maestría en el área de los negocios. Por cosas de la vida, tuvo la oportunidad de tomar clases de literatura en el Departamento de Lenguas, Literaturas y

Culturas de Illinois State University y terminó enamorada de las letras, por lo que en 2002 decidió cambiar su carrera y empezó su Maestría en Cultura y Literatura Latinoamericana. En mayo de 2004 culminó su maestría y desde entonces enseña español como segunda lengua. Ha trabajado en Valencia Community College, Florida; Illinois Wesleyan University, y en la actualidad trabaja en Illinois State University. Se ha desempeñado además como Coordinadora de Club de Español en esta casa de estudios desde 2007.

§§§

Marinelly Castillo-Zuñiga was born in the city of Barquisimeto, known as the musical and crepuscular city of Venezuela, located in the state of Lara. She obtained her bachelor's degree as an accountant from the Universidad Centro Occidental Lisandro Alvarado in Barquisimeto, Venezuela. She has lived in the United States since 1998 when she came to study English as a Second Language and pursuing a Master in Business Administration. As things happen, she had the opportunity to take some literature classes at the Department of Languages, Literatures, and Cultures at Illinois State University where she fell in love with the Latin American literatures. In 2002 she changed her career and started her Master's Degree in Latin American Literatures and Cultures. She graduated in 2004 and has been teaching Spanish as a second language since then. She has taught at Valencia Community College in Orlando, Florida; Illinois Wesleyan University, and she is currently teaching at her Alma Mater, Illinois State University, where she has also been the Spanish Club Advisor since 2007.

Gloria Contreras Ham

Nació en Venezuela, en Cabimas, estado Zulia, una ciudad petrolera a orillas del Lago de Maracaibo, en el noroeste del país. Sus padres son Angel Alfonso Contreras (QEPD) y Gloria

Jiménez de Contreras. Tiene dos hermanos y una hermana. Gloria creció en Cabimas y vino a los Estados Unidos recién graduada de la escuela secundaria para ir a la universidad. En 1979 conoció a su esposo, David Alan Ham, en la universidad de Boston, Massachusetts y se casaron en 1980. En 1982 nació su primer hijo, David Javier. En 1986 nació su hija Gloria Adriana y en 1988 nació su hija menor Alejandra María. Comenzó a trabajar de profesora de español en 1993. Actualmente vive con su esposo en Columbia, Carolina del Sur. Enseña español en Spring Valley High School desde el año 2000.

§§§

Gloria Contreras Ham was born and raised in Venezuela, in Cabimas, Zulia State, an oil town at Lake Maracaibo, in the northwest part of the country. Her parents are Angel Alfonso Contreras (RIP) and Gloria Jimenez de Contreras. She has two brothers and one sister. Gloria was raised in Cabimas and came to the United States to attend college. In 1979 she met her husband, David Alan Ham, in college in Boston, Massachusetts, and got married in 1980. In 1982 they had their son, David Javier. In 1986 their first daughter, Gloria Adriana, was born and in 1988 Alejandra María, their youngest daughter, was born. Gloria started working as a Spanish teacher in 1993. She lives with her husband in Columbia, South Carolina. She has been teaching Spanish at Spring Valley High School since 2000.

Ana María González

Originaria de la ciudad de Taxco, Guerrero, México. Terminó sus estudios de maestra normalista en Iguala, Guerrero en 1984. Trabajó por cinco años como maestra de primaria en el área metropolitana de la Ciudad de México y después en el estado de Guerrero. En 1991 se graduó de la Escuela Normal Superior FEP con una Licenciatura en Lengua y Literatura. De 1992 a 1994 laboró como profesora de lengua en el Centro de Enseñanza para Extranjeros (CEPE) de la Universidad Nacional Autónoma de México (UNAM) campus Taxco. En 1994 emigró a los Estados Unidos para continuar con sus estudios de posgrado. Radicó en Toledo, Ohio para obtener su maestría y posteriormente estudió en la Universidad de Massachusetts en Amherst donde recibió su título de doctorado en 2002. Actualmente labora como profesora en la Universidad Luterana de Texas en Seguín donde enseña cursos de lengua, literatura y cultura. Participa activamente en diferentes organizaciones hispanas locales, varias de las cuales realizan un esfuerzo para preservar la historia de los hispanos en el área.

Ha viajado extensamente por Latinoamérica y Europa, es aficionada a la fotografía y a la poesía; participa continuamente en congresos internacionales de lengua y literatura. En 2010 publicó su primera colección de poemas *Oquedad* y acaba de realizar la reproducción de la primera colección poética de 1880 de la dominicana Salomé Ureña de Henríquez. Además de la presente antología, está por terminar una edición crítica y anotada del poema épico *La Cristiada* del español Diego de Hojeda.

§ § §

Ana María González was born in Taxco, Guerrero, Mexico. She obtained her Elementary School Teacher Certificate from the Escuela Normal de Iguala, Guerrero in 1984. She worked as elementary school teacher in the metropolitan area of Mexico City for five years until 1989, when she returned to her hometown, Taxco, to take a position at a printing shop. There, she worked as an editor responsible for all the local and regional newspapers. Later, she resumed her teaching career at elementary school level. She completed her Bachelor 's Degree in Spanish Language and Literature in 1991. From 1992 to 1994 she worked as a Spanish Professor at the School of Language for Foreign Students (CEPE), a part of the National University of Mexico (UNAM). In 1994, she started her graduate studies in Toledo Ohio, which she continued in Amherst, Massachusetts. She received her doctoral degree in 2002. Dr. González worked as Visiting Professor at the University of Dallas from 1999 to 2003. In 2003, she started teaching at Texas Lutheran University in Seguin, Texas. She has been collaborating with the Hispanic community and as volunteer in local organizations; she is also a member of several committees dedicated to preserve the history of Hispanics in the area.

Dr. González likes photography, poetry, and traveling; she has traveled extensively in Latin America and Europe, and she often participates at international language and literature conferences. She published her first collection of poems *Oquedad* in 2010. In 2012 she reproduced Salomé Ureña de Henríquez's first collection of poems from 1880. In addition to the present anthology, she is currently finishing an annotated edition of the epic poem *La Cristiada* by Diego de Hojeda.

Antonio Gragera

Nació en Almendralejo, localidad de la provincia de Badajoz, España. Tras una apacible vida sin sobresaltos, y una vez concluídos sus estudios universitarios, decidió pasar un año estudiando inglés en el estado de Maine, EE.UU. De eso hace ya veintitrés años. Tras vivir algunos años dividido entre España y Estados Unidos decidió expatriarse de forma definitiva en 1996, cuando comenzó sus estudios de doctorado en la Universidad de Massachusetts. El doctorado en Lingüística Hispana lo llevó a Texas State University, en San Marcos, donde ha permanecido por doce años intentando ejercer sus facultades.

§ § §

Antonio Gragera was born in Almendralejo, a town in the province of Badajoz, Spain. After a quiet life, with no surprises, and after finishing his undergraduate studies, he decided to spend one year at the University of Maine, USA to advance his English language skills. Twenty three years have passed since then. After dividing his life between Spain and the United States for a few years, he expatriated permanently in 1996, when he started his doctoral studies in the University of Massachusetts. His doctorate in Spanish Linguistics took him to Texas State University, in San Marcos, where he has been trying to put his abilities to good use for the past twelve years.

Andrea Hansis-Diarte

Nació en Ponce, Puerto Rico, hija de Tom y Aurora Hansis. Estudió Ciencias Políticas en la Universidad de Texas en Austin y su Maestría en Salud Pública de la Universidad de Texas Health Science Center–Houston, Facultad de Salud Pública. ¡Definitivamente ha heredado el espíritu aventurero de su madre! Durante la secundaria pasó un verano en Torreón, México, como voluntaria en el YMCA y en la universidad estudió un semestre en Sevilla, España. Después de recibirse de la universidad fue voluntaria del Cuerpo de Paz en Paraguay. En la actualidad vive en Luanda, Angola con su esposo Nelson Diarte y sus hijos Nicolás y Camila.

§ § §

Andrea Hansis-Diarte was born in Ponce, Puerto Rico to Tom and Aurora Hansis. She received her Bachelor's Degree from the University of Texas-Austin in Political Science and her Master's Degree in Public Health from the University of Texas Health Science Center-Houston, School of Public Health. She definitively has inherited her mother's adventures spirit! During high school she spent a summer in Torreon, Mexico, volunteering at the YMCA and in college spent a semester studying in Seville, Spain. After graduating from college she served as volunteer for two years with the Peace Corps in Paraguay. She is currently living in Luanda, Angola with her husband Nelson Diarte and children Nicolas and Camila.

María Hardy-Webb

Ha sido maestra de español por treinta y dos años en Louisville, Kentucky, donde ha vivido esde que llegó de Cuba. Tiene tres hijos. Su primer esposo, Burwell Hardy falleció y después de cuatro años, se casó con Paul Webb, a quien conocía desde que empezó su vida en este país porque era amigo de la familia que la hospedó al llegar. Asistió a Spalding University, University of Louisville y la Universidad Complutense de Madrid. Tiene una Maestría en "World Language Education". Con frecuencia visita Puerto Rico con su familia porque ahí viven su madre, su hermana y otros parientes. Su madre sigue siendo el centro del núcleo familiar y es muy querida por sus hijos. De ella, todos han aprendido a vivir con gratitud, entusiasmo y compasión, que son sus principios de guía. Se siente profundamente agradecida por la vida que ha llevado en este país y por el apoyo y la generosidad de la gente que ha sido parte de su vida.

§§§

Maria Hardy-Webb has been a Spanish teacher for thirty two years in Louisville, Kentucky, where she has lived since she arrived from Cuba. She has three children. Her first husband, Burwell Hardy died and, after four years, she married Paul Webb, whom she knew from the launch of her USA adventure because he was a friend of the family that hosted her when she first arrived. She attended Spalding University, the University of Louisville, and the

Universidad Complutense de Madrid. She has a Master's Degree in World Language Education. She often visits Puerto Rico with her family because her mother, sister, and other relatives live there. Today her mother is still the center of the family and her children visit her and love her very much. From her example, they are all learning to live with gratitude, enthusiasm and compassion, her guiding principles. She, for one, could not be more grateful to have had a satisfying and productive life in this country and for the support and the generosity of the people that have been in her life.

Jorge Alfonso Lizárraga Rendón

Nació el 7 de enero de 1964 en la Ciudad de México. Cursó la primaria con beca como ayuda financiera en una escuela Lasallista, el Colegio Cristóbal Colón. Después se pasó al sistema público de educación de México para estudiar en la Secundaria Federal # 17 y la preparatoria en el Instituto Indo Americano. Ingresó a la Universidad Autónoma Metropolitana (UAM) donde estudió un semestre de administración de empresas. Posteriormente se matriculó en una universidad privada, la Universidad Tecnológica de México (UNITEC) donde estudió un año de administración de empresas. En enero de 1985 emigró al norte del país a Ciudad Juárez, Chihuahua. Allí continuó sus estudios de Administración de Empresas en la Universidad Autónoma de Ciudad Juárez (UACJ) hasta que decidió irse a vivir a El Paso, Texas para comenzar una nueva vida. Estudió en El Paso Community College y cuando afianzó el idioma inglés se matriculó en la Universidad de Texas de El Paso (UTEP) en la carrera de psicología. En su tercer año de estudios dejó psicología y se cambió a español, se graduó como maestro en 1995. Desde entonces, ha trabajado en diferentes escuelas preparatorias en El Paso y por un año académico en Austin. Ha estado participando cada verano como AP Reader desde el 2004 y actualmente trabaja en Hanks High School.

§ § §

Jorge Alfonso Lizarraga Rendon was born on January 7, 1964 in Mexico City. He attended elementary school in a Lasallian school, "Colegio Cristóbal Colón" with a scholarship as financial aid. Then attended the public system of education in Mexico to study at the Secundaria Federal # 17 and returned to the private sector to pursue high school in the Indo American Institute. He studied business administration at the Universidad Autonoma Metropolitana (UAM) for one semester. He later enrolled at Universidad Tecnologica de Mexico (UNITEC) where he studied one year of business administration. In January 1985 he moved to Ciudad Juarez, Chihuahua. He continued his studies in business administration at the Universidad Autonoma de Ciudad Juarez (UACJ) until he decided to move to El Paso, Texas to start a new life. He attended El Paso Community College and after developing his English language skills, he enrolled at University of Texas at El Paso (UTEP) to pursue a degree in psychology. In the third year into his career, he changed his major to Spanish and graduated as a Spanish teacher in 1995. Since then he has worked in various high schools in El Paso and for one academic year in Austin. He has been AP Reader since 2004 and currently works at Hanks High School.

José Lobo Fontalvo

Es originario de Colombia. Completó estudios de licenciatura en la Universidad del Atlántico en Barranquilla. Igualmente, hizo una maestría en la Universidad de Maryland Baltimore County y terminó su Doctorado en Alfabetización en Segunda Lengua en la Universidad de Cincinnati. Tiene publicaciones en los Estados Unidos, Colombia, Venezuela, Inglaterra y Alemania.

§ § §

Jose Lobo Fontalvo is originally from Colombia. He completed a bachelor's degree at the Atlantic University in Barranquilla. He also received a Master's Degree in Intercultural Communication at the University of Maryland Baltimore County and a Ph.D. in Literacy in Second Language at the University of Cincinnati. He has publications in the United States, Colombia, Venezuela, England, and Germany.

Alicia Migliarini

Es profesora de AP español en Mater Dei High School en Santa Ana, California desde 1996. Es la coordinadora de los programas de instrucción de idiomas de CALINK Institute así como también los programas de español e italiano que se ofrecen en Saddleback Community Education. Alicia es una hispano-hablante nativa nacida en San Luis, Argentina. Estudió en el Instituto Católico Privado Aleluya, en la Universidad Católica Argentina. En los Estados Unidos completó sus estudios de enseñanza preescolar en Orange Coast College, Computación Aplicada a la Educación e Inglés como Segunda Lengua en la Universidad de California Irvine. Su esposo, sus hijos y su familia de Argentina son las personas más importantes en su vida. Está agradecida por la oportunidad de enseñar idiomas, lo que verdaderamente le apasiona. Ama la música, la poesía, el teatro, la literatura y la cultura latina.

§ § §

Alicia Migliarini teaches AP Spanish Language at Mater Dei High School in Santa Ana, California since 1996. She coordinates the language instruction programs offered by CALINK Institute as well as the Spanish and Italian Language Programs for Saddleback

Community Education. She is native speaker of the Spanish language, born in San Luis, Argentina. She studied at Aleluya Private Catholic Institute and Universidad Catolica Argentina. In the US she obtained her Early Childhood Education certification at Orange Coast College; and also Computers in Education and TESOL - Teaching English to Speakers of Other Languages certifications at University of California Irvine. The most important people for her are her husband, her children and her family from Argentina. She is grateful and passionate about teaching language; she truly loves Latin music, poetry, theatre, literature and culture.

José Hilario Ortega

Nació en México, D.F. Asistió a la Escuela Nacional Preparatoria y se graduó de la Facultad de Filosofía y Letras de la Universidad Nacional Autónoma de México (UNAM) en 1973, donde terminó la Licenciatura en Letras Hispánicas, con especialidad en Literatura Hispanoamericana Contemporánea. En ese mismo año empezó a enseñar en la secundaria y posteriormente en la Universidad Iberoamericana, la Universidad Femenina de México y El Colegio de Bachilleres. En 1974 viajó a España para hacer un curso sobre la enseñanza de la cultura española en la Universidad Complutense de Madrid. En los años de 1975 a 1976 ensenó en la UNAM-San Antonio, Texas. En 1977 volvió a la UNAM en México, pero en 1978 regresó a San Antonio para completar la Maestría en Cultura Hispánica en la Universidad de Texas en San Antonio (UTSA), al mismo tiempo que impartía clases en San Antonio College. En 1979 fue aceptado al programa de doctorado en UT Austin, en donde también impartió clases y se graduó en 1982. Desde 1983 enseña los cursos de AP en Saint Mary's Hall y los Advanced Placement Summer Institutes en varias universidades del suroeste y en México. Ha sido distinguido como uno de los pioneros en este campo y ha recibido muchos premios a lo largo de su carrera.

§ § §

Jose Hilario Ortega was born in Mexico City. Attended high school at the Escuela Nacional Preparatoria and in 1973 obtained a Bachelor's Degree in Spanish from UNAM, with specialization in Spanish-American Literature. The same year, he started to teach in middle school and later in The Iberoamerican University, Universidad Femenina de Mexico, and Colegio de Bachilleres. En 1974 went to Madrid, Spain, to study Spanish culture at the Universidad Complutense. In 1975 and 1976 taught at the University of Mexico in San Antonio, Texas, where he met his wife Norma; the following year he went back to UNAM in Mexico City. In 1978 returned to San Antonio to complete his Master's Degree in Spanish Culture at UTSA while he was also teaching at San Antonio College. In 1979 he was accepted to the doctoral program at UT Austin where at the same time, he worked as an assistant instructor (1979-1982). Since 1983 he has been teaching AP Spanish language and literature at Saint Mary's Hall, as well as the APSI in many universities in the southwest and Mexico. He has been recognized as one of the pioneers in this field, and has received many awards in his career.

Conny Palacios

Nació en Nicaragua y emigró a los Estados Unidos en 1981. Se graduó en el año 1995 con un doctorado en Español de la Universidad de Miami, Coral Gables, Florida. En el año 1997 obtuvo su primera plaza como profesora de español en Withworth College, Spokane, Washington. Actualmente es Profesora Asociada en Anderson University, Anderson, Carolina del Sur. Además de trabajar a tiempo completo en la docencia se dedica a la escritura. Tiene hasta la fecha nueve libros publicados. Entre ellos cuatro son poemarios: *Exorcismo del absurdo* (1999), *Percepción fractal* (1999), *Radiografía del silencio* (2003) y *Poemas que muerden*.

En la categoría de ensayo tiene dos libros: *Pluralidad de máscaras en la lírica de Pablo Antonio Cuadra* (1996) y *Helena Ospina: La voz encendida de la poesía mística en Centroamérica.* Un análisis del proceso místico y poético (2008). En narrativa tiene tres novelas: *En carne viva* (1994), *Naraya* (2008) y *Silarsuami* (2011). Es co-editora de una antología titulada: *El Güegüense al pie de Bobadilla: Poemas escogidos de la poesía nicaragüense actual.* (Selección, introducción y notas: Omar García Obregón y Conny Palacios, 2008). Ha sido invitada a leer su poesía en numerosos encuentros nacionales e internacionales y su obra ha sido objeto de estudio por parte de la crítica literaria.

§§§

Conny Palacios was born in Nicaragua and came to the United States in 1981. She graduated in the year 1995 with a Ph.D. in Spanish from Miami University, Coral Gables, Florida. In the year 1997 she got her first position as professor of Spanish in Whitworth College, Spokane, Washington. Presently she is Associate Professor in Anderson University, South Carolina and besides working a full time job in teaching she devotes herself to writing. She has until now, nine published books. Between them four are poetry: *Exorcism of the absurd* (1999), *Fractal Perception* (1999), *X rays of the silence* (2003) and *Poems that bite.* In the category of essays she has two books: *Plurality of masks in the lyric of Pablo Antonio Cuadra* (1996), and *Helena Ospina: The lighted voice of the mystic poetry in Central America.* An analysis of the mystic and poetic process (2008). In narrative she has three novels: *In living flesh* (1994), *Naraya* (2008), and *Silarsuami* (2011). She is co-editor of an anthology entitled: *El Güegüense al pie de Bobadilla: Selected poems from the Nicaraguan current poetry.* (Selection, Introduction, and notes: Omar García Obregón y Conny Palacios, 2008). She has been invited to read her poetry in many national and international gatherings and her literary works have been the object of study from literary critics.

Lydia Rodríguez

Nació en California y creció bilingüe y bicultural, alternando su residencia entre Estados Unidos y México. Recibió su Doctorado en Lenguas Romances de la Universidad de Cincinnati en 1999 con especialización en Literatura Latinoamericana y Literatura Latina Estadounidense. Se incorporó al profesorado académico de la Universidad de Indiana de Pennsylvania (IUP) en el otoño de 2000. Sus últimos proyectos más recientes incluyen la publicación de *Mosaico literario sobre autoras latinoamericanas y caribeñas* (2008), *Laura Esquivel's Quantum Leap in the Law of Love* (2010), Preface. *The Novels of María de Zayas* (2010), así como numerosas presentaciones nacionales e internacionales. En 2009 fue invitada a Southern Connecticut State University para realizar una presentación sobre las voces de las escritoras latinoamericanas. Sus proyectos actuales de investigación incluyen un libro de texto sobre la literatura para los estudiantes de pregrado. Sus intereses de investigación incluyen autoras latinoamericanas del siglo XX y XXI, escritoras latinas estadounidenses, estudios culturales y de género, además de la teoría crítica.

§ § §

Lydia Rodriguez was born in California and grew-up bilingual and bicultural, living at various times in the US and Mexico. She received her Ph.D. in Romance Languages from the University of Cincinnati in 1999, with specializations in Latin American literature and US Latina literature. She joined the faculty at Indiana University of Pennsylvania (IUP) in the fall of 2000. Her most recent past projects include the publication of *Mosaico literario sobre autoras latinoamericanas y caribeñas* (2008), *Laura Esquivel's Quantum Leap in the Law of Love* (2010), Preface. *The Novels of María de Zayas* (2010), as well as numerous national and international presentations. In 2009, Dr. Rodriguez was invited to Southern Connecticut State University to present on the voices of Latin American women writers. Current research projects include a textbook on literature for undergraduates. Research interests include 20th-21st Century Latin American woman writers, US Latina writers, cultural and gender studies, and critical theory.

María Lourdes Sabé Colom

Nació en Barcelona, España. Recibió su certificado de maestra de la Escuela Universitaria del Profesorado de Educación General Básica (1987). Cuenta con una Licenciatura en Geografía e Historia de la Universidad de Barcelona (1991), una Maestría en Español de Southern Connecticut State University (1998) y un Doctorado en Lenguas Modernas en Francés y Español de Middlebury College (2007). Desde 1994 enseña español en el Departamento de Español y Portugués de Yale University.

§ § §

María Lourdes Sabé-Colom was born in Barcelona, Spain. She received her Teaching Certification from Escuela Universitaria del Profesorado de Educación General Básica (1987). She holds a Bachelor's Degree in Geography and History from the University of Barcelona (1991); a Master's Degree in Spanish from Southern Connecticut State University (1998), and a Ph.D. in Modern Languages in Spanish and French from Middlebury College (2007). She has been a Spanish language instructor at the Department of Spanish and Portuguese at Yale University since 1994.

Lillian Downing Taylor

Nació y creció en México. Emigró a los Estados Unidos en 1986 y asistió a la Universidad de Texas-Pan American y desarrolló su carrera como docente en el Valle de Río Grande por veinte años. Actualmente vive con su esposo Chet, quien se dedica a la poesía, en Seguin, Texas.

§§§

Lillian Downing Taylor was born and raised in Mexico. She arrived in the United States in 1986, attended the University of Texas-Pan American. She had her teaching career in the Rio Grande Valley for twenty years. She now resides with her husband Chet, who spends his time writing poetry, in Seguin, Texas.

Rita Tejada

Nació en la República Dominicana y se graduó Summa Cum Laude con una Licenciatura en Educación, con una concentración en Filosofía y Letras, de la Pontificia Universidad Católica Madre y Maestra en Santiago, República Dominicana. Tiene una maestría de la Universidad de Emory en Atlanta, Georgia y un doctorado de la Universidad Estatal de la Florida en Tallahassee, Florida. Ella escribe sobre literatura y cultura dominicanas y ha publicado "El pesimismo en tres novelas dominicanas de la posguerra: *De abril en adelante, Currículum, El síndrome de la visa* y *La otra Penélope*" (Mellen Press, 2006). Ganó el Premio Nacional de Literatura de la República Dominicana 2007 en la categoría ensayo con su libro *Mujeres, Eros y Tánatos en el romancero dominicano* (Letra Gráfica, 2006). Es Profesora Asociada de Español en Luther College, Decorah, Iowa y miembro de las sociedades de honor Phi Kappa Phi y Sigma Delta Phi.

§§§

Rita Tejada was born in the Dominican Republic. She graduated Summa Cum Laude with a Bachelor's Degree in Education from Pontificia Universidad Católica Madre y Maestra in Santiago, Dominican Republic. She holds a master's degree from Emory University and a doctoral degree from Florida State University. She writes about Dominican Literature and Culture and has published "El pesimismo en tres novelas dominicanas: *De abril en adelante, Currículum, El síndrome de la visa* y *La otra Penélope"* (Mellen Press, 2006). She won the Dominican Republic National Book Award 2007 in the essay category with her book *Mujeres, Eros y Tánatos en el romancero dominicano* (Letra Gráfica, 2006). She is an Associate Professor of Spanish at Luther College, Decorah, Iowa and member of the Phi Kappa Phi and Sigma Delta Phi Honor Societies.

María Dolores Torrón Gómez

María Dolores o Loli, como le llaman su familia y amigos, nació en San Juan, Puerto Rico el 13 de marzo de 1964. Hija de don José Torrón, de Galicia, España y Marie Rose Lebron de Santurce, Puerto Rico. Creció en un ambiente completamente bilingüe al que se añadió otro dialecto: el gallego. Hizo sus estudios en la Universidad de Puerto Rico, recinto de Río Piedras, en la Facultad de Humanidades. Aspiraba a ser periodista y escritora. Al cabo de un año, obtuvo una beca completa a través de La Tuna de la UPR. Mantuvo su beca por cuatro años, con muchas oportunidades de concursar, cantar en diversos escenarios y viajar a España en los veranos de 1985 y 1986 para estudiar literatura. Se graduó con la carrera de Estudios Hispánicos en el area de Literatura en 1987 y publicó su tesina sobre Alfonsina Storni en la revista universitaria de su facultad.

En 1988 se mudó a Miami, Florida y empezó una Maestría en Educación en la Universidad Internacional de la Florida. Ha logrado una sólida y exitosa carrera como maestra bilingüe, mentora y desempeñó un excelente trabajo como directora del Departamento de Lenguas Modernas en Miami. Se certificó nacionalmente con el National Board en 2004 y ese mismo año se hizo lectora del programa AP. Después de radicar en Boston por un tiempo para que su hijo asistiera a la universidad, estableció su residencia en Richmond, Virginia donde se prepara para terminar sus estudios doctorales en educación y trabajar en traducciones médicas.

§§§

María Dolores Torrón-Gómez or "Loli" to her friends and family, was born in San Juan, Puerto Rico on March 13, 1964. Daughter of don Jose Torron, from Galicia, Spain and Marie Rose Lebron, from Santurce, Puerto Rico. She grew up in a bilingual environment where another language was incorporated: the Galician. She studied at the University of Puerto Rico in Rio Piedras, College of Humanities. She wanted to become a journalist and writer. She received a music scholarship from the Tuna UPR, which allowed her to travel in the summer to Spain, sing and participate in several activities as a performing student. She graduated in Hispanic Studies-Literature in 1987, completing a thesis in the poetry of Alfonsina Storni.

In 1988, she moved to Miami, Florida and completed her master's degree in 2000. She has achieved a successful career as a mentor, Modern Languages Department chair and certified National Board teacher. She lived in Boston where her son attended college, and she now resides in Richmond, Virginia where she is preparing to finish her doctoral degree and work in medical translations.

Johanny Vázquez Paz

Nació en San Juan, Puerto Rico. Posee una licenciatura de la Universidad del Estado de Indiana y una maestría de la Universidad de Illinois en Chicago. Su libro *Streetwise Poems/Poemas callejeros* fue publicado por la editorial Mayapple Press en el 2007. Editó la antología *Between the Heart and the Land/Entre el corazón y la tierra: Latina Poets in the Midwest* publicada por la editorial MARCH/Abrazo Press en el 2001. Sus poemas han sido publicados en muchas revistas y antologías, como la compilación *Poetas sin tregua* que incluye varias poetisas puertorriqueñas de la generación de los ochentas. Su obra también es parte de la antología *En la 18 a la 1* (Vocesueltas, 2010) de escritores latinoamericanos residentes en Chicago. Actualmente es profesora de español en Harold Washington College localizado en Chicago, Illinois. La autora invita a todos a su página cibernética TINTA DERRAMADA: http://johannyvazquezpaz.blogspot.com/

§§§

Johanny Vázquez Paz was born in San Juan, Puerto Rico. She has a bachelor's degree from Indiana State University and a master's degree from Illinois State University in Chicago. Her book *Streetwise Poems/Poemas callejeros* was published by Mayapple Press in 2007. She edited the anthology *Between the Heart and the Land/ Entre el corazón y la tierra: Latina Poets in the Midwest* published by MARCH/Abrazo Press in 2001. Her poems have been included in several magazines and anthologies, such as *Poetas sin tregua* which features several female Puerto Rican poets from the 1980's. They are also part of the anthology *En la 18 a la 1* (Vocesueltas, 2010) of Latin American writers living in Chicago. She is a Spanish professor at Harold Washington College in Chicago. She invites everyone to see her web page TINTA DERRAMADA: http://johannyvazquezpaz.blogspot.com/

Agradecimientos / Acknowledgements

Gracias a todos los que respondieron a mi llamado para este proyecto.

Especialmente a Amalia Gensman, Alma Alfaro, Antonio Gragera, Michael Godeck, Beth y Tony Price, Rebecca Padilla, Mary Alvarado y Cassy Collins por su apoyo editorial.

Thanks to all who responded to my call for this project.

Especially to Amalia Gensman, Alma Alfaro, Antonio Gragera, Michael Godeck, Beth and Tony Price, Rebecca Padilla, Mary Alvarado and Cassy Collins for their editing assistance.

Contenido / Contents

Alicia Migliarini – Argentina
   Coplas 11

Conny Palacios – Nicaragua
   Déjame que te cuente 15
   Let me tell you 25

Amalia Gensman – México
   Dos en una 35
   Two into One 43

María Dolores Torrón Gómez – Puerto Rico
   Cartas de mi padre 51
   Letters from my Father 55

Antonio Gragera – España
   Como en las películas 61
   Like in the Movies 65

María Barrera Sheldon – México
¿Por qué me convertí en una maestra de lengua extranjera,
   por qué de español? Déjame que te cuente... 69
Why did I become a teacher of foreign languages,
   why Spanish? Let me tell you... 73

José Lobo Fontalvo – Colombia
   El olor de las rosas en medio del caos 77
   The Fragrance of Roses in the Midst of Chaos 83

Marinelly Castillo Zúñiga – Venezuela
  De los números a las letras 89
  From Numbers to Letters 93

Lillian Taylor – México
  No puedo quejarme 97
  I Can't Complain 103

Lourdes Sabé Colom – España
  En el país de las limousines 107
  In the Land of Limousines 111

María Hardy-Webb – Cuba
  Portraits of Courage 115

Jorge Alfonso Lizárraga Rendón – México
  EE.UU, mi nuevo hogar 119
  USA, my New Home 123

Alma Alfaro – El Salvador
  Sueños y esperanzas de una salvadoreña 127
  Hopes and Dreams of a Salvadoran Woman 131

Ana María González – México
  El dinero no se recoge con la escoba 135
  Money doesn't Grow on Trees 143

Johanny Vázquez Paz – Puerto Rico
  En dos maletas 151
  In Two Suitcases 153
  Sentada en la arena mirando el mar 155
  Sitting on the Sand Looking at the Sea 156
  Oda al regreso 157

José Ortega – México
  Déjame que te cuente… 159
  Allow me to share with you… 165

Clementina Adams – Colombia
  Destino y laberintos 171
  Destiny and Labyrinths 183

Rita Tejada – República Dominicana
Trayectos de mi vida 195
Journeys of my Life 197

Nelda Arroyo – México
Volver 199
An Inevitable Return 203

Andrea Hansis-Diarte – Argentina
Recuerdos de mi madre... 207
Remembrances of my Mother 211

Gloria Contreras Ham – Venezuela
Mi historia, en breve.. 215
My Story, in Brief 223

Lydia Rodríguez – México
Cosas que he aprendido al cambiar de un país a otro 231
Things I Learned Moving from One Country to Another.. 239

Colaboradores / Contributors... 245

Agradecimientos / Acknowledgements............................. 271

www.ingramcontent.com/pod-product-compliance
Lightning Source LLC
Chambersburg PA
CBHW020848090426
42736CB00008B/280